死刑廃止論

死刑廃止を推進する
議員連盟会長
亀井静香

花伝社

Ⅰ　死刑はなぜ廃止すべきか

Ⅱ　欧州評議会の議員を迎えて——司法人権セミナーでの発言から

死刑廃止　ひとくちメモ

資料編

【編集協力】金田誠一（死刑廃止を推進する議員連盟・副会長）
【資料提供】(社)アムネスティ・インターナショナル日本

アムネスティ総会での記念講演

I　死刑はなぜ廃止すべきか

この文章は、㈳アムネスティ・インターナショナル日本の二〇〇二年度総会で行った記念講演（二〇〇二年四月一三日、於東京・日本青年館）をもとに、死刑廃止に関するこれまでの私の発言を組み込んで構成したものである。

はじめに

私は、二〇〇一年の秋から、「ぜひ引き受けろ」という要請を受けまして「死刑廃止を推進する議員連盟」の会長に就任いたしました。

亀井静香がなぜ死刑廃止なのか、と思われる方もおられるかもしれません。しかしながら、私は、死刑廃止議員連盟の設立の頃からのメンバーでありますし、国会議員になる前の警察におりました頃から死刑は廃止すべきだと思っていました。実は、もっと前の少年の頃から、ずっとそう思っていました。

私自身は、最初から現場畑を歩いてきましたし、国会議員歴も長くなりましたが、こうした大きな問題に取り組むのは極めて意義のあることであります。自分の政治生命をかけてもやらなければならない問題でもあると思っております。

残念ながら日本の場合は、死刑は廃止すべきでないという世論の方が非常に強いのが現実です。しかし、先進国で死刑制度を残しているのは、アメリカと日本だけです。そして、真剣に考えれば、死刑はやはり廃止すべきだという考えに達するのではないかと私は確信しております。

なぜ死刑制度は廃止すべきなのか、この問題をみなさんと一緒に考えてみたいと思います。

1　人の命や自然環境を大事にしない社会は、健全な社会ではない

死刑制度について、それは社会防衛上必要であるとか、被害者の報復感情を満たすものである、というようなことが言われております。

しかしながら、人の命や自然環境を大事にしない社会というのは、健全な社会ではないと私は思います。国家権力が死刑囚を抵抗できない状態にして——言葉は悪いですが——手足をしばって絞め殺すなんてことは、あってはならないと思います。人の命を大事にしない国家というのは、絶対に健全ではないと思います。

その国がどんなに経済的・文化的に繁栄しようとも、国家の運営の基本というものは決まっておるわけです。人の命を大事にするということ、大自然のなかでわれわれは生かされておるわけですから、大自然と共生をしていくということ、これが基本であり、そういう意識にささえられていない社会というのは、長続きすることはないだろうと思います。国家が人の命を奪うというのは、あってはならないことなのです。

憎悪と報復の連鎖を断つ

死刑廃止を言いますと、「被害者の立場に立ってみろ」というようなことがよく言われます。被害者の報復感情を満足させるという考えは、昔からあります。個人のそうした感情は理解できま

す。

しかし、報復感情を個人としてもっているということと、国家としてそれを認めるということとは、まったく別の問題です。

報復感情という、いわば人間の本能といったものを、国家が代わって行うということでは、国家としての健全な姿ではないと思います。それを克服して国家としてのあり方を求めていくこと、それは大変なことだと思います。

しかし、この狭い地球に共生していかねばならない人間として、やられたらやり返すという、そういう憎悪と報復の連鎖ということで、おたがい将来やっていけるでしょうか。

憎くともそうした感情を抑えるということ、その人の良心のめざめというものに対応していこうということ、これはきついことかもしれませんが、私たちが求めていかなければならないことだと思います。国家が否応なしに被害者に代わって報復するということと決別すべきときがきていると思います。

確かに、昔から日本人には「忠臣蔵」や「曽我兄弟」などを賛えるメンタリティーがあります。しかし、彼らは時の国家権力を使って仇打ちをしたわけではなく、自分たちでやったのです。もちろん、それは仇討ちがいいという意味ではありません。仇討ちと、国家権力がだれかを殺すというのはメンタルな面で別だということです。

テロと決別できるか

昨年の秋アメリカで、あの憎むべき同時多発テロが発生しました。

私は、テレビであの状況を見ておりまして、アメリカによる広島、長崎への原爆攻撃、また東京大空襲をはじめとする、この間の大戦における無差別に個々の民を殺戮（さつりく）するというあの光景と二重写しになって仕方がありませんでした。

こうした無差別攻撃はアメリカがはじめて被害に遭ったわけではない。広島、長崎では一瞬にして何万という人が殺された。あの残虐なことを人類はまた繰り返してしまったと。

しかし、軍事力だけで、ああしたテロを防げるでしょうか。ビン・ラディンを捕まえて殺すことによって、はたして二一世紀にテロと決別できるでしょうか。私は、それだけでは不可能だろうと思います。

また、日本が自衛隊を派遣して、アメリカの軍事行動に協力するということだけで、テロ撲滅に貢献できるでしょうか。私はそんなことはないだろうと思います。

いまひとつ残念なのは、こういうときに自衛隊というわが国最大の武装集団を安易に動かそうとする空気が存在していること、そういう空気が私は非常に危険だと思っているわけです。ある意味では、おっかない空気がいま日本で醸成されておるのではないかと思っているわけです。

軍事力による報復だけでは、テロと殺戮が繰り返されるだけです。やられたらやりかえすというように、力で心を制圧していくようなことで、成功するはずはないと思っています。

テロにいたしましても、個人の財産的な欲得とか、名誉心とかでやる場合は、これを軍事力とか、国家権力によってこれを制御することは、わりと簡単かもしれません。

しかし、これが思想的な背景をもった犯罪やテロといった場合は、それぞれについての処方箋が必要なわけです。

政治的にも軍事的にも、あらゆる面において圧倒的な力を持っている側の論理だけでなく、弱い立場にあるものをも、ひとつのテーブルに乗せて、強弱それぞれの立場を重ね合わせていく、そうした努力なしには、テロなどの問題は解決できないであろうと私は思っています。

人間の心のなかには、悪魔と天使と仏が同居している

報復感情を満足させるということから決別し脱却していくことは、被害者の側にとっては辛いことかもしれません。

しかし、人間の心のなかには、悪魔と天使と仏が同居しておると思います。

人間というものは、やはり場合によっては悪魔にもなるでしょう。しかしその一方では、人さまの幸せのために自らを犠牲にする人もおられます。そういう天使のような心も同居しております。

国家が悪魔を退治していく。これはきわめて大切な仕事であります。しかし、同時に人間のなかに宿っている仏の心といいますか、天使の心を引っ張りだしていく、そういう努力を国家がやらなければならないのではないかと思います。悪い者を制裁するという国家だけであってはならないのではないか、私はこのように思っているのであります。

国家というのは、国と国との戦い、すなわち戦争をしない努力をすることが、一番大事なこと

国　名	廃止年	通常犯罪につき廃止年	最後の処刑年
ミクロネシア（連邦）			(I)
モルドバ	1995		
モナコ	1962		1847
モザンビーク	1990		1986
ナミビア	1990		1988(K)
ネパール	1997	1990	1979
オランダ	1982	1870	1952
ニュージーランド	1989	1961	1957
ニカラグア	1979		1930
ノルウェー	1979	1905	1948
パラウ			
パナマ			1903(K)
パラグアイ	1992		1928
ポーランド	1997		1988
ポルトガル	1976	1867	1849(K)
ルーマニア	1989		1989
サンマリノ	1865	1848	1468(K)
サントメ・プリンシペ	1990		(I)
セーシェル	1993		(I)
スロバキア共和国	1990		
スロベニア	1989		
ソロモン諸島		1966	(I)
南アフリカ	1997	1995	1991
スペイン	1995	1978	1975
スウェーデン	1972	1921	1910
スイス	1992	1942	1944
トルクメニスタン	1999		
ツバル			(I)
ウクライナ	1999		
イギリス	1998	1973	1964
ウルグアイ	1907		
バヌアツ			(I)
バチカン市国	1969		
ベネズエラ	1863		
計　74カ国			

(K）最後の処刑があったとされる年
(I）独立以来、死刑の執行なし

死刑廃止ひとくちメモ 1

死刑を全面的に廃止した国

すべての犯罪につき、法律上死刑を定めていない国

国　名	廃止年	通常犯罪につき廃止年	最後の処刑年
アンドラ	1990		1943
アンゴラ	1992		
オーストラリア	1985	1984	1967
オーストリア	1968	1950	1950
アゼルバイジャン	1998		1993
ベルギー	1996		1950
ブルガリア	1998		1989
カンボジア	1989		
カナダ	1998	1976	1962
カボベルデ	1981		1835
コロンビア	1910		1909
コスタリカ	1877		
コートジボアール	2000		
クロアチア	1990		
チェコ共和国	1990		
デンマーク	1978	1933	1950
ジブチ	1995		(I)
ドミニカ共和国	1966		
東ティモール	1999		
エクアドル	1906		
エストニア	1998		1991
フィンランド	1972	1949	1994
フランス	1981		1977
グルジア	1997		1994(K)
ドイツ	1987		
ギニアビサウ	1993		1986(K)
ハイチ	1987		1972(K)
ホンジュラス	1956		1940
ハンガリー	1990		1988
アイスランド	1928		1830
アイルランド	1990		1954
イタリア	1994	1947	1947
キリバス			(I)
リヒテンシュタイン	1987		1785
リトアニア	1988		1995
ルクセンブルグ	1979		1949
マケドニア	1991		
マルタ	2000	1971	1943
マーシャル群島			(I)
モーリシャス	1995		1987

思うわけであります。

だと思います。そうであれば、個人の生命も、これを尊重するということでなければならないと思うわけであります。

被害者の感情を尊重すべきだという議論はありますが、しかし私は、そういう気持ちを克服していくということでなければ、本当の幸せというもの、これをわれわれ人類が勝ち取っていくということはできないと思います。

国家権力が、犯罪者に、凶悪犯罪をやったということで命を絶つ、国家権力が手足をしばって命を絶つということは、近代国家においてやるべきではない。昔からやるべきでなかったとは申しませんが、現在においてもそれを続けているということは、日本民族の恥ではないかと、このように思っているわけです。

このことが、私が死刑制度は廃止すべきだと思っている、第一の論点です。

2　死刑に犯罪抑止力はない

死刑制度について、「凶悪犯罪であるからしかたがないではないか」と言う人もおられます。しかし、生まれながらにして社会的に危険な人もいるかもしれませんが、それはどちらかというと病理学の世界に属するごく一部です。本人の心得違いもありますが、ほとんどは、生まれ育った環境とか、社会の状況のなかで凶悪犯罪に走っていく場合が多いのです。

その人の生まれた環境、生い立ち、あるいは社会の政治・経済・文化のように、そういうものが複合的にからみ、そうした犯罪を生んでいるということを私たちは忘れてはならないと、このように思います。

もしそういう人が、まったく別の環境にあったとしたら、必ずしも凶悪犯罪を起こすことはありません。やはり、社会的要因も非常に大きいと思います。

ですから、そういう犯罪者を抹殺することによって、社会が健全化し、犯罪がなくなるということにはならないのです。

死刑があるから犯罪を犯さず、死刑がなければどんどん人を殺してしまうというような、そのような理性的判断をもとに犯罪を犯すというようなことは、ほとんどないと思います。ごくわずかな例外はあるでしょうが、多くの人間にとっては、死刑制度の有無と、犯罪を犯す、犯さないということとには関係がないと思います。

死刑という制度が、凶悪犯罪の抑止力になっているか

よく、死刑制度は犯罪の抑止力になっているのではないかということを言われます。

しかし、もしそうであれば、死刑制度を続けているアメリカや日本では凶悪犯罪がどんどん減らなければいかんわけです。

現実は逆で、激増しているわけであります。しかも、いまだ経験したことのないような、凶悪犯罪が、アメリカでも日本でも増え続けておるわけです。

また、では死刑制度を廃止した国々で、凶悪犯罪が増えているかといえば、そういうことも報告されておりません。

こうしたことも、死刑制度が抑止力になっているとは言えないことの客観的な証明になっていると思います。

死刑があるから犯罪を犯さない、ないからやっちゃうというような、私は人間とはそんなものじゃないと思います。人間の心のなかには、先ほども述べましたとおり、悪魔と天使と仏さまが同居しているのが実態ではないかと思います。

みなさん方はどうか知りませんが、私自身、殺してやりたいと思ったことがあります。しかし、生まれながらにして凶悪な性格を持っている者は、ほとんどいない。生まれ育った環境だとか、その後のいろんな社会・経済的な状況のなかで凶悪犯罪を犯していくという場合が非常に多いのです。

だからといって、凶悪犯罪の本人が免責されるわけではない。しかし、それを国家権力が命を奪うということに何の意味があるのか、ということです。

死刑に犯罪抑止力はない、このことが私が死刑を廃止すべきだと思う、第二の論点です。

3　常にあるえん罪の可能性

死刑は廃止すべきと思う第三の論点は、いまの日本の司法制度のもとでは、えん罪の危険性が常にあるということです。

私は、警察に一五年ほどいまして、それから政治家になったんです。警察の頃からこんなおっかない顔をしていたわけではありませんが。

警察時代の私の経験から言いますと、被疑者が逮捕され娑婆（しゃば）と遮断された状態になり、縄手錠をされて引きずり回されるようなことになりますと、異常心理、いわゆる拘禁性ノイローゼになってしまうことが現実に非常に多いのです。

羞恥心も全部見透かされ、すべてを預けてしまうような心理状態です。まるで自分の子どもの

死刑廃止 ひとくちメモ 2 通常犯罪についてのみ死刑を廃止した国

軍法による犯罪、または戦時のような例外的な状況下で犯された犯罪のような例外的な犯罪についてのみ、法律が死刑を定めている国。

国名	廃止年	最後の処刑年
アルバニア		
アルゼンチン	1984	
ボリビア	1997	1974
ボスニア・ヘルツェゴビナ	1997	
ブラジル	1979	1855
チリ	2001	1985
クック諸島		
キプロス	1983	1962
エルサルバドル	1983	1973(K)
フィジー	1979	1964
ギリシア	1993	1972
イスラエル	1954	1962
ラトビア	1999	1996
メキシコ		1937
ペルー	1979	1979
計　15カ国		

（K）最後の処刑があったとされる年

ような心理状態と申しますか、取調官との関係が、王様と奴隷のような心理状態となり、すべて取調官の言いなりになってしまうのです。絶対的権力を握られてしまい、取調官のまったくの言いなりになる被疑者がかなり多くいます。

その供述を鵜呑みにして捜査をやりますと、大変なことになるわけです。

私もはっと気がついて、危ないなと思った経験が何度もあるわけであります。供述だけを信用してやった場合は、大変な間違いを犯す危険性があるのが、いまの捜査の現実であります。

釈放されますと全部ひっくり返してしまいます。しかし、検事の前で取りました供述調書というものは、証拠能力としては、公判廷における被告人における供述とまったく同じ証拠能力があるわけです。警察での供述をもとに、検察が調書を取っていきます。公判廷で被告人が「やっていません」と言っても、そうした調書があれば、裁判官はそちらを優先的に判断する可能性が高いのが、いまの日本の司法の現実です。

法曹一元ということが言われておりますが、弁護士が裁判官になっても、検事が裁判官になってもいいと私は思いますが、残念ながら現在の司法制度は、キャリア裁判官制度となっているわけです。裁判所は、どっちかといえば、検事が言ったことを正しいと判断してしまうような傾向があるのです。

裁判官は本来、当事者主義のもと無罪推定を前提にしていかねばならないのに、ともすれば、公判廷の被告人の供述より検面調書を優先します。やはり裁判官には、伝統的に国家権力への信頼があって――それが悪いとは思いませんが――、はっきりいって検察官の言うことを信用してしまいます。そういう傾向が非常に強いのです。

いまの刑事訴訟の立場からすれば、当事者対等・無罪推定の原則で公判廷に立って公平に行われているかといえば、決してそうではありません。

しかもいまの司法制度の下で、依然として自白が「証拠の王」ということ、これは変わりはありません。

こうした実態のなかでは、あらゆる犯罪における捜査や判決には、常にえん罪の可能性があるということをわれわれは冷静に考えておく必要があります。

特に、死刑判決が下されるような重大犯罪においてはなおさらのことです。

死刑廃止ひとくちメモ 3

事実上、死刑を廃止した国

通常犯罪につき死刑を存置しているが、過去10年以上死刑の執行を行ったことがない、または死刑を執行しないと国際的な公約をしている国――植民地などを含む。

国名	最後の処刑年
ブータン	1964(K)
ブルネイ・ダラサラーム	1957(K)
ブルキナファソ	1988
中央アフリカ共和国	1981
コンゴ（共和国）	1982
ガンビア	1981
グレナダ	1978
マダガスカル	1958(K)
モルジブ	1952(K)
マリ	1980
ナウル	（I）
ニジェール	1976(K)
パプアニューギニア	1950
ロシア連邦	1999
サモア	（I）
セネガル	1967
スリランカ	1976
スリナム	1982
トーゴ	
トンガ	1982
トルコ	1984
ユーゴスラビア	
計　22カ国（植民地などを含む）	

（K）最後の処刑があったとされる年
（I）独立以来、死刑の執行なし

これは、陪審制度などどんな制度でも、つねにえん罪の危険性は存在するのです。

こういうことを言いますと、私が警察出身なのに「いまの警察制度や検察制度のことを悪く言うのはおかしい」と言う人もいますが、事実は事実なのです。そういう危険性のなかで、検察官も検事も一生懸命仕事をしているわけです。

しかし、警察官も検事も裁判官も人の子であります。神様ではありません。えん罪が生まれる危険性というものは常にある。そのことを常に念頭においておく必要がある、そのことを私は強調したいのです。

当事者にとっては、百分の百

人によっては、えん罪で死刑にされるのは、それは何万分の一の確率だから、社会防衛上しかたのないことではないかと言う人がいます。

しかし、無実で処刑される人にとっては、それは百分の百パーセントの話なのであり、何万分の一の話でないのです。

そういうことをしなければ犯罪が防止できないのか、外に方法がないのか。

国家権力はこんなことを絶対にやってはならない。何万分の一でも、その危険性があれば、こういう制度は廃止すべきです。

このことが死刑制度を廃止すべきだと思う三番目の論点です。

死刑制度をめぐっては、いろいろな問題がありますが、以上三点に集約できると思います。

4　日本の風潮を憂う

他人の犠牲の上にたつ幸福や安全などない

「何万分の一の確率だから、社会防衛のためだから、いいじゃないか」というような感覚は、いま世の中を覆っている「自分さえよければ」というような風潮と共通する面があると思います。

自分が安全であるためには、何万分の一のリスクはやむをえないというような感覚です。昨今は、「痛みを分かち合う」などということを簡単に言います。自分の会社だけが生き残って、同業者が潰れれば、受注数が増えるならいいとか、それを構造改革だなどと言っていますが、そういういまの風潮と共通するところがあると思います。

しかし、それは違うと私は思います。他人の犠牲で自分だけが幸せになるとか、安全でいたいなどという考えが世の中を覆ったら、この世の地獄が来ることは明らかです。

小さな惑星の中で、共生する思想

死刑を廃止するというのは、実はそれだけの問題ではないのです。

この小さな地球という惑星に、いろいろな人種や国家が共存しておるわけであります。文化も違えば、習慣も違う、考え方も違う、価値観も違うわけであります。

しかも、交通やインターネットが発達してきて、この惑星はますます小さくなっていくわけであります。

こうしたなかで、お互いがお互いの存在を尊重し、ひとつの共通の価値観を生んでいかなければ、民族と民族、人種と人種、国家と国家の利害が衝突し、人類の未来はなくなってしまうと思うのです。どうやってお互いが共感を持ち、同じような価値観を共有していけるかということが、ひとつのポイントだろうと私は思います。

しかし、これはなかなか難しいことであります。難しいことですが、それを目指して、みんなが努力するということが私は大事だと思います。そういう努力をしていくことが、結果として、この小さな地球という惑星にみんなが共生していける条件が生まれてくるのではないかと思います。

さまざまに異なる民族や国家がひとつの共通した価値観をもつことは、国と国とが戦争をしない、テロ行為を起こさせないための基本的な条件です。

そういう意味では、この地球から死刑というものを廃止していくという運動は、お互いにこの日本から、アジアから世界に、そういう価値観を共有していくひとつの運動になっていくだろうと思うわけであります。

宗教も、歴史も、国家の発展段階も、民族も違うなかで共有できるひとつの価値観、それが死刑廃止ではないかと思います。生きとし生けるものに対する共通の価値観、人間の尊厳についての基本的な考えの重なり合いといったものが、死刑廃止運動によって生まれてくるのではないで

4 死刑廃止ともくひめ

死刑を存置している国

通常犯罪につき死刑を適用し、死刑を執行している国

アフガニスタン	ケニア	トリニダードトバゴ
ガイアナ	シンガポール	ドミニカ
パレスチナ自治区	ベニン	マラウィ
アルジェリア	朝鮮民主主義人民共和国	チュニジア
インド	ソマリア	エジプト
フィリピン	ボツワナ	マレーシア
アンチグア・バーブーダ	韓国	ウガンダ
インドネシア	スーダン	赤道ギニア
カタール	ブルンジ	モーリタニア
アルメニア	クウェート	アラブ首長国連邦
イラン	スワジランド	エリトリア
ルワンダ	カメルーン	モンゴル
バハマ	キリギスタン	アメリカ合衆国
イラク	シリア	エチオピア
セント・クリストファー・ネビス	チャド	モロッコ
バーレーン	ラオス	ウズベキスタン
ジャマイカ	台湾	ガボン
セントルシア	中国	ミャンマー
バングラデシュ	レバノン	ベトナム
日本	タジキスタン	ガーナ
セントビンセント・グレナディーン	コモロ	ナイジェリア
バルバドス	レソト	イエメン
ヨルダン	タンザニア	グアテマラ
サウジアラビア	コンゴ（民主共和国）	オマーン
ベラルーシ	リベリア	ザンビア
カザフスタン	タイ	ギニア
シエラレオネ	キューバ	パキスタン
ベリーズ	リビア	ジンバブエ

計　84カ国（植民地などを含む）

しょうか。

これは、ただ単に制度としての死刑を廃止するというだけにとどまらず、とても大きな意味あることだと思います。


これまでの人類の歴史は、いろんな民族や人種や国家が、自ら生きていくため、よりよい生活を実現するための欲望を際限なく爆発させ、それが衝突し、凄まじい戦いをしてきたのが、私はその歴史であったと思うのです。

それを繰り返してきたのが人間の歴史であり、将来もそうであると言う方もおられます。しかし、私はそのような面ばかりにわれわれ人類の歴史を評価してはならないと思います。

そうした凄まじい国家と国家の戦い、醜い争いがあったことは事実ですが、その一方で、愛というものが人類の歴史において存在したことも事実です。

親や兄弟に対する愛、子どもや家族や民族に対する愛、愛にはさまざまな形があり、時には不倫の愛もあるかもしれません。そうしたいろいろな人間と人間との間において愛の形があるでしょう。しかしそうした愛のために、自分の欲望をさらりと捨ててしまう。愛する人のために、自分の命すら捨ててしまう。そうした美しい魂の歴史も、もう一方では存在していたわけであります。

自分の欲望のために他を犠牲にする、そうした醜い醜い争いだけをやっておったということであれば、人類は現在まで生存しなかったと私は思います。

そうではなくて、一方では、そうした美しい魂の流れが延々と続いていて、それがあったから

5 死刑廃止ひとくちメモ

1976年以降に死刑を廃止した国

1976年	ポルトガル、すべての犯罪につき死刑廃止。
1978年	デンマーク、すべての犯罪につき死刑廃止。
1979年	ルクセンブルグ、ニカラグア、ノルウェー、すべての犯罪につき死刑廃止。 ブラジル、フィジー、ペルー、通常犯罪につき死刑廃止。
1981年	フランス、カボベルデ、すべての犯罪につき死刑廃止。
1982年	オランダ、すべての犯罪につき死刑廃止。
1983年	キプロス、エルサルバドル、通常犯罪につき死刑廃止。
1984年	アルゼンチン、通常犯罪につき死刑廃止。
1985年	オーストラリア、すべての犯罪につき死刑廃止。
1987年	ハイチ、リヒテンシュタイン、ドイツ民主共和国[1]、すべての犯罪につき死刑廃止。
1989年	カンボジア、ニュージーランド、ルーマニア、スロベニア[2]、すべての犯罪につき死刑廃止。
1990年	アンドラ、クロアチア[2]、チェコとスロバキア連邦共和国[3]、ハンガリー、アイルランド、モザンビーク、ナミビア、サントメ・プリンシペ、すべての犯罪につき死刑廃止。 ネパール、通常犯罪につき死刑廃止。
1992年	アンゴラ、パラグアイ、スイス、すべての犯罪につき死刑廃止。
1993年	ギニアビサウ、香港[4]、セーシェル、すべての犯罪につき死刑廃止。 ギリシア、通常犯罪につき死刑廃止。
1994年	イタリア、すべての犯罪につき死刑廃止。
1995年	ジブチ、モーリシャス、モルドバ、スペイン、すべての犯罪につき死刑廃止。
1996年	ベルギー、すべての犯罪につき死刑廃止。
1997年	グルジア、ネパール、ポーランド、南アフリカ、すべての犯罪につき死刑廃止。 ボリビア、ボスニア・ヘルツェゴビナ、通常犯罪につき死刑廃止。
1998年	アゼルバイジャン、ブルガリア、カナダ、エストニア、リトアニア、イギリス、すべての犯罪につき死刑廃止。
1999年	東ティモール、トルクメニスタン、ウクライナ、すべての犯罪につき死刑廃止。 ラトビア[5]、通常犯罪につき死刑廃止。
2000年	アルバニア[6]、通常犯罪につき死刑廃止。 マルタ、コートジボアール、すべての犯罪につき死刑廃止。
2001年	チリ、通常犯罪につき死刑廃止。

注

（1）1990年にドイツ民主共和国は、1949年に死刑を廃止したドイツ連邦共和国に統一された。

（2）スロベニアとクロアチアが、まだユーゴスラビア社会主義連邦共和国の共和国であったときに死刑を廃止した。1991年に、この2つの共和国は独立した。

（3）1993年にチェコスロバキア連邦共和国はチェコ共和国とスロバキア共和国に分かれた。

（4）1997年に、香港は中国の特別行政区として中華人民共和国に返還された。アムネスティ・インターナショナルは、香港特別行政区が死刑を廃止したままであると理解している。

（5）1999年に、ラトビア議会は、欧州人権条約第六議定書の批准を採択し、平時における死刑を廃止した。

（6）2000年に、アルバニアは、欧州人権条約第六議定書を批准し、平時における死刑を廃止した。

こそ、人類は今日のそれなりの繁栄を遂げてきたのではないかと思っているわけであります。自分の感情、自分の欲望、そういうことだけにとらわれて、そのためにだけ個人の活動をし、国家も活動している、そういう段階では、日本の未来もなければ、また世界の未来もないと私は思います。

この間も、ある大学の入学式で挨拶してきたのです。

日本はいまカチカチと音をたてて荒廃しつつある。間もなくこの真っ暗の闇の中に突入していくと。そして再び朝を迎えられないかもしれない。政治家としてこういうことを言うのは無責任だというように、君たちは思うかもしれない。けれどこのままの延長線上に行った場合は、間違いなくそうなるということを、君たちは心のなかに入れておいてくれと。

いま日本の経済も大変な状況になりました。まさに人災ということでもあります。

経済だけの問題ではありません。いまわれわれは、人間としての魂、日本人としての美しい魂をいとも簡単に捨て去っているわけです。アメリカの猿真似ばかりしておるわけです。

政治が悪ければ、政治家をかえればよいわけです。しかし、政治家をかえても問題は解決しない。問題は、国民自体がおかしくなってしまっているということです。

いまは「偽善の時代」です。輸入した肉にも、松坂牛というラベルを貼ってしまう。儲かればいいということでなんでもやってしまう。人の家に押し入って、簡単に人を殺してしまう。ここまで人心が荒廃している。

自分のことより他人の幸せのためにという、そういう人間が日本にいなくなってきた、私はそのことに日本の危機を感ずるわけです。
私自身も、政治家になったこの二五年の自分の政治生活は何であったかと、まま思うこともあります。
私は、なにか自分自身の欲得で、死刑廃止の運動をやっているわけではありません。人を批判しておけばいいとか、少々えん罪が出たって、自分さえ危険でなければそれでいいんだというような、おかしな雰囲気が蔓延しているなかで、この流れを変えていくためにも、死刑問題について、全力をあげて取り組みたいと思っております。

死刑廃止ちょっとメモ 6

世界の死刑の現況
――死刑宣告数・執行数と主な執行方法

	宣告		執行	
1990	54カ国	2,005人	26カ国	2,029人
1991	62	2,703	32	2,086
1992	62	2,697	35	1,708
1993	61	3,282	32	1,823
1994	75	4,032	37	2,331
1995	79	4,165	41	2,931
1996	76	7,107	39	4,272
1997	69	3,707	40	2,375
1998	78	3,899	37	1,625
1999	63	3,857	31	1,813
2000	65	3,058	28	1,457
2001	68	5,265	31	3,048

主な執行方法
・絞首　・銃殺　・薬物殺
・電気殺　・ガス殺　・斬首
・石打
（日本は絞首刑を採用）

執行している国の上位5ヵ国は、中国、米国、サウジアラビア、イラン。

5　日本での死刑廃止に向けて

死刑廃止は、凶悪犯罪人をそのまま放置することではない

死刑制度を廃止するといっても、凶悪犯人をそのまま放置することではありません。また死刑を一挙に廃止することも難しいでしょう。いま死刑廃止法案の提出に向けて、「日本版終身刑」の導入など、いろいろ検討している段階です。制度があるから執行するということであれば、こういう制度は廃止して、そのなかで犯罪人をどう処遇していくのかを考えていくべきだと思います。

議員連盟として取り組むこと

議員連盟として取り組むことは、やはりまず議員のなかで参加を呼びかけて賛同者の輪を広げていくことです。多くの議員はあまり突き詰めて考えておりません。多くの国民の方々もそうかもしれませんが、漠然とした感情で「悪いことをした人だったら死刑になってもしょうがない」くらいの考えではないでしょうか。

他の議員と実際に話してみても感じますが、そこで違うんじゃないかと問題を投げかけていくと、「うーん、やっぱりそうかな……」と死刑廃止の方向に気持ちが動いていくんです。だから廃止の立法に向かっていく可能性は非常に高いのです。

議員連盟での活動は、できるだけ早く、強力にやりたいと思っています。院内での勉強会などももって、議員の意識をきちっとした方向にもっていただきたいし、私自身もそうした努力をしたいと思います。

こういう問題については、自民党であろうが民主党であろうが、共産党であろうが、党派は関係ないでしょう。経済政策とか安全保障政策とは別の次元のことですから、どんどん入ってくるように積極的に働きかけたいと思います。

「洗脳」などというと言葉は悪いかもしれませんが、最初無理やりでも、入ってからいろいろ問題点を真剣に考えていけばいいと思っています。

議員連盟は、いま一一三名ですが、われわれとしては、これをどんどん増やしていきたい。そして議員立法という形で、死刑の廃止に向けて国会議員としてできることをやっていきたいと思っています。もっともっと仲間を増やす努力をやっていきたいと思っています。

自民党もちょっと少なかったものですから、会長になりましてから、すぐ二〇名ほどに「ちょっと入れ」と呼びかけました。なかには、「死刑賛成だ」というのもいましたが、「かまわん、入れ。入って勉強しろ」ということで、死刑賛成という人も入ったんです。とにかく、いままでの惰性に流れた固定観念で死刑制度は存続すべきみたいな動きがあるわけですので、自民党の国会議員にも、また党派を超えて呼びかけていきたいと思っております。

法務省が死刑廃止に抵抗するのではないかという心配をしている方もおられるようですが、法務省は役所ですから、こういう動きに対しては壁にはなりません。作った法律を執行するのが、役人の仕事ですから。もちろん役人が法案を作成し、それを議員が提出することもありますが、多くの国会議員が動けば、議員が提出する法案に対して役人が抵抗することはありません。

廃止に向かって

日本での廃止の道のりとしては、まずマスコミや市民運動に関わる人たちの力によって国民の意識が変化していくことがもっとも大事ではないでしょうか。その一方で、議員の意識を変えていく。廃止した国をみても、国民が必ずしも死刑廃止に対して圧倒的賛成でない状態下でも実現していますから、国民の過半数の賛成がなければ絶対できないと考える必要はありません。しかし、日本は民主国家ですから、できるだけ国民の意識の流れができているほうがよいのです。

そして、当面は執行させないことも大切です。執行命令書に判を押す大臣は、現場に行って執行に立ち会うべきです。判を押しているだけでは、死刑制度の問題は判断しにくいのではないでしょうか。

以上、死刑廃止に関しての私の考えを率直に述べてみました。

国民のみなさんもぜひ一度真剣にお考えいただきたいと思います。これから国民の間で大いに論議していきたいと思います。

日本の社会が少しでもいい方向に向かって進むよう、みなさんと一緒に考えていきたいと思います。

欧州評議会の議員を迎えて開かれた司法人権セミナー

II　欧州評議会の議員を迎えて
——司法人権セミナーでの発言から

死刑廃止を推進する議員連盟と欧州評議会議員会議法務人権委員会との共催により、二〇〇二年五月二七日〜二八日の二日間にわたり、参議院議員会館において死刑廃止をめぐる「司法人権セミナー」が開催された。

1　オープニング・セッションでの挨拶

死刑廃止を推進する議員連盟一一三名を代表いたしまして、ご挨拶を申し上げます。

今日は欧州評議会の副議長をはじめ、みなさま方遠路はるばるおこしいただきまして、私どもと共催で、欧州評議会オブザーバー国であるわが国における司法と人権、死刑廃止の問題についてのセミナーを開催できますことは、われわれ議員連盟としても大変意義深いことであり、われわれの今度の運動にとって大きな飛躍台になるだろうと、このように固く信じているわけであります。

今日は衆参議長もお見えうけたまわり、また法務委員長もおいでいただき、そうしたなかでこの会を開くことができました。

残念ながらわが国におきましては死刑制度がいまなお存続をしているわけであります。

世界の潮流は、人の命を大事にする、世界平和を実現する、世界がお互いに戦争をしない、お互いに人の命を大事にしあう、とこのような流れにあるわけであります。

そのようななかで死刑制度が存続するということは、ある意味では絶対矛盾であると、私はこのように考えています。いまのわれわれの生活のなかで死刑制度がなければ社会秩序が維持できないのか、あるいはそうではないのではないか、このことについては欧州評議会のみなさま方から現在における欧州の治安状況、死刑が存続していたときの状況も含めて、この点についての、具体的なご教示もたまわれれば非常にありがたい、このように思っております。

われわれといたしましては、できるだけ早く具体的な形で立法処置をしたいと考え、現在活動いたしております。いま死刑そのものをただちに廃止する方法でいくのか、あるいは世論形成等の状況をみながら、とりあえず一里塚として終身刑を導入するというステップをふんでいくのか、議連のなかでいま議論をしている最中ですけれども、この議論を早急にまとめまして議連としてひとつの方向に具体的に踏み出していきたいと、このように考えております。

残念ながらまだ議連の加盟者も一一三名ということであります。われわれとしては多数の賛成を得る努力を国会のなかでやっていくとともに、また多くの市民団体のみなさま方のお力をいただきまして、国民のみなさま方のなかにこの死刑の問題について、これをなくしていく、そうした世論形成に全力をあげて努力をしてまいりたいと考えております。

私は、死刑廃止の問題は死刑ををなくするということだけでなく、この運動は生きとし生けるものに対する価値観といったものを人類が共有していく、そうしたひとつの運動でもあると思っております。

そういうわれわれの運動を今後力強くおし進めていくうえでも、本日欧州からみなさま方がわざわざお出でいただき、二日間こうしたセミナーにご参加をいただくということは、本当にありがたいことであります。

またいろいろえん罪に泣かれた方々、また死刑廃止を推進しておられる市民団体のみなさま方もご参加いただきまして、いろいろ幅広い立場でこの問題を議論できるのではないかとこのようにも思っております。

なお本日の開催につきまして、ボランティアで多くのみなさま方の大変な力をちょうだいしておりますことを、この場を借りまして心からお礼を申し上げたいと思います。この二日間のセミナーの成功をみなさまとともに祈りたいと思います。今日はどうもありがとうございました。

2　セミナーでの発言から

その①　死刑廃止と国民世論

——お話をお聞きしておりまして、いま死刑廃止をめぐるわが国の状況は、率直に申しまして困難な状況がありますけれど、すでに廃止されました欧州におけるそれまでの状況と基本的には大差がないのではないかということを強く感じます。

要はわれわれ政治家が国民のみなさまとともに、どう具体的に積極的におし進めていくかどうかにかかっているということを強く感じました。

特に国民世論がどうかということが決定的なものではないということだと思います。

やはり直接民主主義を取っていない以上、選ばれた議員が国民の方々に対して問題点を提起して、国民の意識が間違っている場合には、それを是正をしていく努力が議員には課せられているというふうに私は考えますが、死刑廃止についてもヨーロッパにおかれてまさにそのことが実行されました。そういう固い信念に基づいての行動をわれわれは範としていかなければならない。このようにいまその感を強くしたのであります。

その② えん罪はなぜ生まれるか

――日本の裁判でも自白だけで有罪判決が下されることはないと思います。ただ自白が証拠判断上大変重いということ、自白が相変わらず「証拠の王」であるという実態は変わっていないと思います。

問題は、刑事訴訟において決められていることでありますが、検事の前での取り調べを調書した検面調書の証拠能力と公判廷で裁判官の前で被告人がしゃべったものが同じ価値を持っていることであります。

そしてたとえ公判廷で検事の前でしゃべったことを被告人が否定しても、裁判官は検事の前でしゃべった供述を証拠として採用する場合が多いのです。どうも日本の場合、裁判官が公務員である検事の主張を強く信用するという傾向が、実体的にあるという面が、私はえん罪が生まれてくるひとつの大きな可能性をつくっている、そのように思います。

その③ 処刑場の視察について

――死刑廃止の活動していくうえにおいて必要だから見せてくれという要望があれば、一定の要件のもとで視察を認めてもよいのではないでしょうか。

いまなされている処刑が憲法上禁じている、きわめて残虐なものである疑いがあるから見に行くといったわけではない。私自身は別に行ってみなくとも死刑問題に対する考え方が変わるといったわけではないので、見に行く必要はないと考えています。だけどみなさんのなかで刑場を一応基礎的な知識としてもおさめておきたいと言うのであれば、認めてもいいのではないかという感じはあります。

その④　死刑囚の面会制限について

えん罪でない場合、自分の犯罪を反省して、できるだけ安らかな気持ちで刑を受けることができるよう、そのために教誨師をおいて、しょっちゅう会わせているわけです。

死刑囚の心理状況がどうなっていっているのかをたえず見守り、安らかな気持ちになってくれという思いで、そういう努力をしているのでしょう。

そうであれば、いろんな個々の死刑囚によって心理状況が違いますから、そうした教誨師から状況を聴取するなりして、それによって家族に会わせた方がいいという場合もあるし、会わさない方がよいという判断もあるかもしれない。そこらのことは実際の運用のなかで、一律ではなくて、研究してケースバイケースでやっても支障がないと私は思います。

死刑囚といえども人間ですから、犯罪は犯罪として最後まで大事にしてあげるという見地から、いろんな対応ができるのではないのでしょうか。

建前としては、犯罪者に、自分の罪を反省して安らかに処刑を受けるような状況に持っていくにはどうしたらいいかという観点で、面会制限をやるということはわからないでもない。

しかし、えん罪者がいるということは絶対矛盾になるわけです。大勢の死刑囚の中には免田栄さんを含めて何人かえん罪者がいるかもしれないという可能性があるという実態をやはりふまえて、死刑囚が自分がえん罪なんだと訴えている場合など、とても安らかな気持ちにはなれないという心情のある確定死刑囚をどうするのかということ、これについては建前ではなく、弁護士との接見を含めて、彼らがそうした無実を訴えていくことについて、確定した後でも拘置所、職員としては最大の機会を与えるという処置をとる必要があると私は思います。

3　クロージング・セッションでの閉会の辞

まずもって昨日から遠路日本までお出でをいただいた欧州評議会のみなさま方、長旅のお疲れも放っておかれて、この二日間のわれわれ議員連盟との議論、政府側との議論、また弁護士先生、市民団体等、あるいはこの問題に大変関心をもっておられる方々との議論に熱心にお取り組みいただきまして、ありがとうございました。

われわれといたしましては、今後死刑を廃止していくという活動は、大変困難なことでありますけれども、みなさま方から大変インパクトを与えていただいたということを私自身痛感しております。

死刑廃止ひとくちメモ 7

日本の死刑判決と死刑執行数

年次	地裁判決	高裁判決	最高裁判決者数	新確定	死刑執行数	その他者総数	死刑確定
1979	7	1	4	4	1		20
1980	9	2	4	7	1		26
1981	2	1	3	3	1		28
1982	11	8	0	1	1		28
1983	5	4	0	1	1	1	27
1984	6	5	3	3	1	2	27
1985	9	5	1	2	3		26
1986	5	7	0	0	2		24
1987	6	8	6	8	2	1	29
1988	10	4	7	11	2		38
1989	2	5	5	5	1	2	40
1990	2	2	7	6	0		46
1991	3	4	4	5	0		51
1992	1	4	4	5	0		56
1993	4	1	5	7	7		56
1994	8	4	2	3	2		57
1995	11	4	3	3	6		54
1996	1	3	4	4	6		52
1997	3	2	4	3	4		51
1998	6	7	5	7	6		52
1999	8	4	4	4	5	1	50
2000	14	6	3	6	3		53
2001	10	16	4	5	2		56

※その他欄の詳細は以下の通り
1983年：免田栄、再審無罪
1984年：谷口繁義、再審無罪／斉藤幸夫、再審無罪
1987年：平沢貞通、獄死
1989年：赤堀政夫、再審無罪／佐藤誠、獄死
1999年：太田勝憲、自殺

このセミナーの結果というのは私は間違いなく実を結んでいくと思います。ただ、直ちに二、三年後に死刑が廃止されるのかというと、なかなかそこまで私はみなさまに約束するような度胸はございませんが、われわれは確実に具体的に死刑廃止に向かって一つの結果を出していきたいと思っています。

このセミナーで、みなさま方が熱心にわれわれとの議論をしていただき、先進地域としてのいろいろな経験をわれわれに教えていただいたことが、やはり日本で生きたなと、実感をしていただける時が、間違いなくくるであろうと私は確信を深めています。

それでは具体的にどうやるかということについては、この法案の提出についても、中身につきまして、われわれは早急に議論をして実効性のあるものにして提出したいと考えております。

死刑廃止を推進する議員連盟のメンバーは、いまのところ一一三名ですけれども、やり方によっては過半数にもっていける可能性があると、私は自信を深めているわけです。

自民党の幹部で「悪いことをするやつは死刑にすればいいんだ」と怒鳴っていた議員までこのセミナーに姿をあらわしているわけでありまして、この死刑に関する判断というのは、絶対死刑を残さなくてはいけないと固い信念でいる国会議員がたくさんいるわけでもありません。

われわれが今後みなさま方とのこの二日間の有益な結果を大事にしながら一生懸命がんばっていけば、みなさま方から遠い日本に行ってよかったなと思っていただける状況が確実にできると考えております。

本当にみなさま方に心から感謝いたします。また免田さんをはじめ、えん罪に泣かれた方々、死刑囚の家族の方々といろいろな方々からいろんな形で協力いただきました。

われわれはみなさま方の大変な苦痛を絶対無にしないで生かしていく決意を持っていることもご理解いただいて、お帰りいただきたいと思います。本当にありがとうございました。

4　記者会見での発言から

昨日今日にかけまして、欧州評議会のメンバーと私どもの方の入れ替わり立ち替わり六三名がここに参加しまして、死刑廃止に向かってのいろんな問題点について率直な議論をいたしました。

特に先進地域である欧州での経験などをいろいろ教示いただき、わが国のいまおかれている具体的な状況等と照らし合わせながら、今後われわれが死刑廃止していくにはどういうことが必要なのかについて、われわれ日本側としては極めて有意義な示唆をいただきました。

われわれとしては、このあと議連で具体的に法案の中身をどうするかという議論を早急に開始をいたしまして、早い機会にこれを国会に提出したいと考えております。死刑廃止を直ちにという法案にするのか、一里塚としての終身刑を、現在の死刑は残したままでこれを採用する法案にしていくのか、この間、二、三年後に決着をつけるまでの間、死刑を執行しないという処置をとりながらの法案にするのか、これからの議論で、早急に詰めていき、その法案についての賛同を衆参それぞれについて得るという具体的な活動をやっていきたいと思います。

また国民のみなさま方にこの法案についてのご理解、またご支持をいただく活動を展開してい

役職	議員名	衆参	党名
	長妻昭	衆	民主
	中村哲治	衆	民主
	楢崎欣弥	衆	民主
	細川律夫	衆	民主
	細野豪志	衆	民主
	松本龍	衆	民主
	水島広子	衆	民主
	山元勉	衆	民主
	横路孝弘	衆	民主
	江田五月	参	民主
	岡崎トミ子	参	民主
	川橋幸子	参	民主
	小宮山洋子	参	民主
	高嶋良充	参	民主
	谷博之	参	民主
	千葉景子	参	民主
	福山哲郎	参	民主
	堀利和	参	民主
	松井孝治	参	民主
	円より子	参	民主
	簗瀬進	参	民主
	若林秀樹	参	民主
	藁科満治	参	民主
	武山百合子	衆	自由
	中塚一宏	衆	自由
	穀田恵二	衆	共産
	中林よし子	衆	共産
	松本善明	衆	共産
	井上哲士	参	共産
	吉川春子	参	共産
	阿部知子	衆	社民
	今川正美	衆	社民
	植田至紀	衆	社民
	金子哲夫	衆	社民
	北川れん子	衆	社民
	東門美津子	衆	社民
	中川智子	衆	社民
	原陽子	衆	社民
	日森文尋	衆	社民
	山内恵子	衆	社民
	山口わか子	衆	社民
	大脇雅子	参	社民
	田嶋陽子	参	社民
	又市征治	参	社民
	川田悦子	衆	無所属
	本岡昭次	参	無所属
	山本正和	参	無所属

8 死刑廃止 ひとくち メモ

死刑廃止を推進する議員連盟　会員名簿　2002年5月26日現在

役職	議員名	衆参	党名
顧問	土井たか子	衆	社民
会長	亀井静香	衆	自民
副会長	浜四津敏子	参	公明
副会長	金田誠一	衆	民主
副会長	木島日出夫	衆	共産
事務局長	保坂展人	衆	社民
事務局次長	山花郁夫	衆	民主
幹事	上田勇	衆	公明
幹事	大島令子	衆	社民
幹事	福島瑞穂	参	社民
	荒井広幸	衆	自民
	河村建夫	衆	自民
	栗原博久	衆	自民
	小島敏男	衆	自民
	阪上善秀	衆	自民
	桜田義孝	衆	自民
	佐藤静雄	衆	自民
	中川秀直	衆	自民
	中野清	衆	自民
	西川京子	衆	自民
	西川公也	衆	自民
	萩山教嚴	衆	自民
	林省之介	衆	自民
	古屋圭司	衆	自民
	増原義剛	衆	自民
	松岡利勝	衆	自民
	松宮勲	衆	自民
	谷津義男	衆	自民
	柳本卓治	衆	自民
	吉田幸弘	衆	自民
	吉田六左ェ門	衆	自民
	柏村武昭	参	自民
	中川義雄	参	自民

役職	議員名	衆参	党名
	赤羽一嘉	衆	公明
	石井啓一	衆	公明
	井上義久	衆	公明
	漆原良夫	衆	公明
	北側一雄	衆	公明
	坂口力	衆	公明
	若松謙維	衆	公明
	荒木清寛	参	公明
	魚住裕一郎	参	公明
	木庭健太郎	参	公明
	白浜一良	参	公明
	山下栄一	参	公明
	渡辺孝男	参	公明
	赤松広隆	衆	民主
	家西悟	衆	民主
	石井紘基	衆	民主
	石井一	衆	民主
	石毛えい子	衆	民主
	生方幸夫	衆	民主
	枝野幸男	衆	民主
	大畠章宏	衆	民主
	海江田万里	衆	民主
	鎌田さゆり	衆	民主
	河村たかし	衆	民主
	桑原豊	衆	民主
	小林守	衆	民主
	今野東	衆	民主
	佐々木秀典	衆	民主
	城島正光	衆	民主
	仙谷由人	衆	民主
	田中慶秋	衆	民主
	手塚仁雄	衆	民主
	土肥隆一	衆	民主

きたい。このように考えております。大変有意義なフォーラムであったと考えております。

早急に法案をということですが、具体的なメドは？

——成立をしなければ意味がないわけですから、われわれの作った法案について、国会議員の理解はどの程度得られるかという状況を判断しなければいけませんけれども、秋の臨時国会、あるいは来年の通常国会そのあたりを一つのメドにしながら詰めていきたいと考えます。

最初から死刑を廃止することも難しいとは思いますが、一里塚としての終身刑の導入ということであれば、私は多数派を形成するということがそんなに難しい話ではない。議連のメンバーは、いま衆議院が八〇何名ですね。これを三倍にしていけばいいのですから、そんなに難しい話ではないだろうと思っております。中身ももちろん終身刑でいくと決めているわけではありませんが、中身の決め方によっては、現在の状況から一歩前に出られる、このように思います。

国民に理解を得られる具体的な活動とは？

——今日も参加していただいている各市民団体、あるいは各種団体、日弁連等も含めて、何も法律家が集まっている集団だけでなくて、世論形成に影響のあるいろんな団体についてわれわれの案をもって、理解を求めるそうした運動をわれわれは一緒にやっていきたいと思っています。もちろんマスコミのみなさまにも当然ご理解をいただかなければなりませんが。

法務省も副大臣が議論に加わっておりましたから、このフォーラムを通じての課題を真摯に今後も対応していくだろうと思います。ただ法務省頼みでなく、われわれは議員としてのやるべきことをどんどんやっていくことに尽きると思います。

亀井静香（かめい　しずか）

1936年（昭和11年）　広島県に生まれる。

1960年（昭和35年）　東京大学経済学部卒業。

1962年（昭和37年）　警察庁に入庁。

鳥取県警察本部警務部長、埼玉県警察本部捜査二課長等を歴任。

警察庁警備局の極左事件に関する初代統括責任者となる。警察庁警備局理事官、長官官房調査官を経て退官。

1979年（昭和54年）　衆議院議員選挙に初出馬、初当選。以後8期連続当選。

1994年（平成6年）　運輸大臣就任（村山内閣）。

1996年（平成8年）　建設大臣就任（橋本内閣）。

1999年（平成11年）　自由民主党・政務調査会長就任（小渕内閣）。

志帥会会長代行。

2000年（平成12年）　自由民主党・政務調査会長再任（森内閣）。

2001年（平成13年）　「死刑廃止を推進する議員連盟」会長に就任。

死刑廃止論

2002年　7月25日　初版第1刷発行
2015年10月　1日　初版第3刷発行

著者 ———— 亀井静香
発行者 ——— 平田　勝
発行 ———— 花伝社
発売 ———— 共栄書房
〒101-0065　東京都千代田区西神田2-5-11 出版輸送ビル2F
電話　03-3263-3813
FAX　03-3239-8272
E-mail　kadensha@muf.biglobe.ne.jp
URL　http://kadensha.net
振替　00140-6-59661
装幀 ———— 神田程史
印刷・製本 —— 中央精版印刷株式会社

ISBN 978-4-7634-0389-6 C0036

資料編

資料 *1.*
死刑に関する国際条約と批准国

●死刑廃止にむけての市民的及び政治的権利に関する国際規約の第2選択議定書（死刑廃止条約）

1989年12月15日国連総会で採択、1991年7月15日発効。

死刑の全面的な廃止を規定しているが、例外的に特別な留保を付すことにより戦時における死刑の存置を認める。

【当事国】

オーストラリア、オーストリア、アゼルバイジャン、ベルギー、ボスニア・ヘルツェゴビナ、ブルガリア、カボベルデ、コロンビア、コスタリカ、クロアチア、キプロス、デンマーク、エクアドル、フィンランド、グルジア、ドイツ、ギリシア、ハンガリー、アイスランド、アイルランド、イタリア、リヒテンシュタイン、ルクセンブルグ、マケドニア、マルタ、モナコ、モザンビーク、ナミビア、ネパール、オランダ、ニュージーランド、ノルウェー、パナマ、ポルトガル、ルーマニア、セーシェル、スロバキア共和国、スロベニア、スペイン、スウェーデン、スイス、トルクメニスタン、イギリス、ウルグアイ、ベネズエラ、ユーゴスラビア（計46カ国）

【署名のみで未批准の国】

チリ、ギニア・ビサウ、ホンジュラス、リトアニア、ニカラグア、ポーランド、サントメ・プリンシペ（計7カ国）

●死刑廃止に関する欧州人権条約の第6議定書

1982年12月欧州評議会で採択、1985年3月1日発効。

平時における死刑の廃止を規定しており、戦時または窮迫した戦争の脅威がある時になされる行為に対する死刑の存置を認める。

【当事国】

アルバニア、アンドラ、オーストリア、ベルギー、ブルガリア、クロアチア、キプロス、チェコ共和国、デンマーク、エストニア、フィンランド、フ

ランス、グルジア、ドイツ、ギリシア、ハンガリー、アイスランド、アイルランド、イタリア、ラトビア、リヒテンシュタイン、リトアニア、ルクセンブルグ、マケドニア、マルタ、モルドバ、オランダ、ノルウェー、ポーランド、ポルトガル、ルーマニア、サンマリノ、スロバキア共和国、スロベニア、スペイン、スウェーデン、スイス、ウクライナ、イギリス（計39カ国）

【署名のみで未批准の国】

アルメニア、アゼルバイジャン、ロシア連邦（計3カ国）

●死刑廃止に関する米州人権条約の議定書

死刑の全面的な廃止を規定しているが、例外的に特別な留保を付すことによって戦時における死刑の存置を認める。

1990年6月8日　米州機構定期総会で採択。

【当事国】

ブラジル、コスタリカ、エクアドル、ニカラグア、パナマ、パラグアイ、ウルグアイ、ベネズエラ（計8カ国）

【署名のみで未批准の国】

チリ（計1カ国）

●死刑廃止に関する欧州人権条約の第13議定書

2002年2月欧州評議会で採択、2002年5月3日署名開放。

あらゆる状況下における死刑の廃止を規定。

当事国が10カ国に達すれば効力発生。

資料 *2.*
欧州評議会の概要と決議・勧告

（外務省のホームページから）

＜設立の経緯及び目的＞

欧州評議会（Council of Europe、ＣＥ）は、1949年、人権、民主主義、法の支配という価値観を共有する西欧10か国が、その実現のための加盟国間の協調を拡大することを目的としてフランス・ストラスブールに設置した国際機関。2002年4月にボスニア・ヘルツェゴビナが加盟したことにより、加盟国は44か国となった。

ＣＥが対象とする分野は、政治、経済、社会、文化等多岐にわたるが、既に西欧同盟（ＷＥＵ）が存在していたこともあり、軍事・防衛は対象外。

加盟国：フランス、イタリア、英国、ベルギー、オランダ、スウェーデン、デンマーク、ノルウェー、アイルランド、ルクセンブルグ（以上原加盟国）、ギリシャ（1949）、アイスランド、トルコ（50）、ドイツ（51）、オーストリア（56）、サイプラス（61）、スイス（63）、マルタ（65）、ポルトガル（76）、スペイン（77）、リヒテンシュタイン（78）、サンマリノ（88）、フィンランド（89）、ハンガリー（90）、ポーランド（91）、ブルガリア（92）、エストニア、リトアニア、スロヴェニア、チェコ、スロヴァキア、ルーマニア（93）、アンドラ（94）、ラトヴィア、モルドヴァ、アルバニア、ウクライナ、マケドニア（95）、ロシア、クロアチア（96）、グルジア（99）、アルメニア、アゼルバイジャン（2001）、ボスニア・ヘルツェゴビナ（2002）

議員会議特別参加資格
(Special Guest Status)：ベラルーシ（現在資格を一時停止中）、ユーゴースラヴィア連邦共和国（ＦＲＹ）（正式加盟申請済み）の議会が右資格を有している。他に、98年10月にモナコが加盟申請を行っている。

＜議員会議（Parliamentary Assembly）＞

加盟各国の国会議員代表団によって構成される会議。定数306議席（議員および予備議員各306名で、総議員数612名）で、各国の議席配分は人口・ＧＮＰ比に基づいて決められ、各国２～18議席。議長は毎年１年の任期で選出され、３期で交替するのが通例。現在はオーストリアのペーター・シーダー議長（社会主義グループ。2002年１月選出）。

各国代表としての性格を薄め、欧州全体の代表としての性格を強化するため、1964年以降、議員会議内における会派の結成が公認されている。現在かかる会派として、社会主義グループ（ＳＯＣ,代表：Terry DAVIS（英））、欧州人民党グループ（ＥＰＰ／ＣＤ,代表：Rene van der LINDEN（蘭））、（ＬＤＲ,代表：Matyas EORSI（ハンガリー））、欧州民主主義グループ（ＥＤＧ,代表：David ATKINSON（英））、自由民主改革グループ、欧州統一左派（ＵＥＬ,代表　Jaakko LAAKSO（フィンランド））（勢力順）の５会派がある。

議員会議は、年４回の本会議のほか、９の一般委員会及びその他の委員会を通じて活動する。立法権は有さないが、その勧告が閣僚委員会の決定に影響を与えている例は多い。特に中・東欧諸国との関係で、正式加盟申請国の議会に議員会議の特別参加資格を与えて加盟プロセスを円滑にするとともに、加盟後も、加盟時の誓約の遵守状況のモニタリングという重要な役割を担っている。

議員会議の採択するテキストは、勧告（その実施が加盟国政府の権限である閣僚委員会に対する提案等）、決議（議員会議が権限を有する問題等に関する決定）、意見（閣僚委員会より付託された事項に対する回答等、新規加盟国の承認など）、指令（議員会議委員会に対する指示）の４種類。閣僚委員会への勧告及び意見の採択の他、緊急討議の議事日程への追加のためには、投票総数の３分の２の賛成を要し、決議案、指令案の採択には投票総数の過半数を要する。

＜近年の活動の優先分野＞

（1）人権保障システムの改革

98年11月1日、欧州人権条約第11議定書（94年5月作成）の発効に伴い、ＣＥ加盟各国より選出された裁判官各1名が常駐する常設の新欧州人権裁判所が発足し（長官はスイス人のヴィルトハーバー氏）、欧州人権条約に基づく申し立てを右裁判所で一元的に取り扱うこととなった。 事件数の増加及び事件の複雑化に伴い、申し立てから判決まで5年以上を要する事態に陥っていた上に、多数の旧共産圏諸国の新規加盟により事件数の一層の急増が見込まれたことから、93年のウィーンＣＥ首脳会議で本件機構改革が決定されたものである。

しかし、その後も事件数は急増し、2001年には、1998年以降130パーセントの伸びを見せて1万3858件となり、新裁判所の対応が間に合わない事態となっている。

かかる状況を踏まえ、2000年11月に、欧州人権条約50周年の機会に開催された欧州人権担当大臣会合が、人権保障システムの強化のために必要な更なる改革をすることを決議した。これを受けて、早速2001年度の裁判所の予算増が認められたが、約8億人の欧州市民からの膨大な量に上る申し立てを裁判所が迅速かつ公正に処理していくため、今後、いかなるシステム上の改革が行われるのかが注目される。

（2）モニタリング

各加盟国の義務履行のモニタリングが近年強化されている。内容的には、民主主義、法の支配、人権尊重の基本原則、特に自由かつ公正な選挙、メディアの表現の自由、少数民族の保護、国際法の遵守等が全加盟国に共通の義務となるが、その他特定国が加盟に際して遵守を約した個別のコミットメント及び各国が批准したＣＥ条約に基づく義務もモニタリングの対象となる。枠組みとしては、各条約に定められた監視手続のほか、閣僚委員会、議

員会議及び欧州地方自治体会議がそれぞれモニタリングを行っている。

閣僚委員会のモニタリングは、一定のテーマにつき全加盟国を差別なく対象とし、審議は原則として年3回、非公開で行われるが、かかる非公開審議の結果として、閣僚委員会は特定国の状況に懸念を表明する等のプレス・ステートメントを出すことができる。

議員会議のモニタリングは、テーマを限定せず国別に行われている。モニタリング委員会が中心となって報告委員の現地派遣等により調査を行い、当該国との協議を経た上で、本会議に報告、要すれば制裁措置として議員会議への当該国の出席停止、閣僚委員会への勧告等を行い得ることとなっている。

（3）テロ対策の強化

2001年9月11日の米国における同時多発テロ事件を契機に、テロ対策はＣＥの優先課題に掲げられるところとなり、取り組みが強化されている。2001年9月の議員会議、10月の欧州司法大臣会合、11月の閣僚委員会等の機会に、国際的なテロ対策が主要な議題とされ、行動計画、決議等が採択されたほか、テロ対策に関する多角的検討グループ（ＧＭＴ）が設立され、欧州テロ防止条約（1977年発効）の見直し・強化を含む、具体的なテロ対策措置の検討が行われている。

（4）少数民族問題

少数民族問題が冷戦後の欧州の不安定の大きな要因であることは加盟国共通の認識であり、95年までに少数民族保護一般についての初の多国間条約である「国内少数民族保護枠組み条約」が作成され、98年2月1日に発効した（2002年4月現在、独、伊、西、英、露を含む34か国が批准済み）。また、民族間の融和に資する信頼醸成措置などの取り組みが進められている。

（5）サイバー犯罪対策

サイバー犯罪対策に関する世界で初めての網羅的な国際条約（含む：刑事実体法・手続法及び国際捜査協力に関する規定）となる「サイバー犯罪に関する条約」は、約４年にわたる交渉を経て、2001年11月８日、閣僚委員会において正式採択され、同月23日、ブダペストにおいて開催された署名式にて署名開放された（2002年４月末現在の署名国は、Ｇ７各国、南アを含む33か国。締結国なし）。右条約の交渉には、ＣＥ加盟国のほか、ＩＴ先進国である米、カナダ、日本の積極的な参加を得て行われたもので、右条約は、いずれ、本分野におけるグローバル・スタンダードになるであろうと予想される。なお、2001年12月より、右条約の第一議定書として、「コンピュータ・ネットワーク上の人種主義的・他者排斥的行為の犯罪化等にかかる議定書」の策定作業が開始された。

（６）腐敗対策

腐敗対策に関しては、99年１月、腐敗対策刑事法条約が署名のため開放されたほか（2002年４月末現在、未発効。仏、独、伊、英、米を含む41か国が署名、15か国が批准済み）、99年11月、腐敗対策民事法条約が署名のため開放された（2001年４月末現在、未発効。仏、独、伊、英を含む32か国が署名、７か国が批准済み）。公務員行動綱領については、2000年５月の閣僚委員会で加盟国に対する勧告が採択された。また、右を含むＣＥ腐敗関連文書の各国遵守状況を相互評価によりモニタリングすることを目的とする「腐敗と闘う国のグループ（ＧＲＥＣＯ）」が99年5月から始動した（2001年１月末現在、仏、独、英、米を含む34か国が参加）。欧州外の先進国の参加をも視野に入れたグローバル・スタンダード作りが行われている。

（７）生命倫理

99年12月、生命倫理に関する条約が発効した。また、98年１月には、人のクローニングを禁止する右条約の第１議定書が署名のため開放され、2001年３月に発効した（2002年４月現在、前者については31か国が署名、13か国が批准、後者については29か国が署名、11か国が批准を終え

ている)。更に、2002年1月24日、臓器移植に関する第2議定書が署名のため開放され、5か国が署名した。

(8) その他

異文化間対話、歴史教育、文化遺産保護、反ドーピング、フーリガン対策といった分野においても重要な役割を果たしている。

＜日本との関係＞

(1) オブザーバー・ステータス(閣僚委員会)

日本は、95年9月、CE閣僚委員会のオブザーバー・ステータスを申請し、96年11月、アメリカ、カナダに次いで3番目の閣僚委オブザーバー国となった(在ストラスブール日本国総領事が日本常駐オブザーバー)。また、99年12月、メキシコが4番目のオブザーバー国となった。なお、ヴァチカンも同様のステータスを有している。日本は、閣僚委員会の補助機構であるレポーター・グループ(GR)全て(民主的安定、OSCE、司法協力、人権等。EUとの関係に関するものを除く)並びに運営委員会・専門家会合等閣僚委員会の全ての下部組織へ原則として参加できる。更に、2001年9月の米国同時多発テロ以降、CEのオブザーバー国との関係強化の一環として、ケース・バイ・ケースながら、オブザーバー国も、閣僚委員会(大臣レベル及び常駐代表レベルとも)への参加を正式に招請されるようになった。

その他、日本は、欧州人権担当大臣会議及び欧州男女平等問題担当大臣会議等の専門大臣会議や、法による民主主義のための欧州委員会(ヴェニス委員会)・南北センター等の部分協定の会合にも出席してきている。

(2) 議員交流

議員会議は、非加盟国(イスラエル、カナダ、メキシコ)の議会にオブザーバー資格を与え、交流を強化している。日本国会は、議員会議のオブ

ザーバー資格は有していないが、1974年の議員会議「ＯＥＣＤ活動討議」以来例年右討議に参加、92年以降は本件討議における表決権を付与されている（現在、非欧州のＯＥＣＤ加盟国である米、加、豪、ＮＺ、メキシコ、韓国が同様のステータスを有している）。近年、右討議参加の機会に、日本国会代表団と議員会議との交流が拡大しており、2000年には「国連の役割に関する討議」、2001年には「テロに関する緊急討議」にも参加し、本会議で発言した。

なお、92年２月日本国会に「日本・欧州評議会友好議員連盟」（会長：中山太郎衆議院議員）が発足した。

（３）欧州評議会幹部の招聘等

タルシュス前事務総長、シェナール前欧州地方自治体会議議長等の幹部が日本の招聘により訪日しているほか、98年秋、立命館及び早稲田大学において開催された欧州評議会に関するセミナーに、フィッシャー議員会議議長（当時）、ベルンハルト欧州人権裁判所長官（当時）等が出席し、講演を行った。2001年には、ラッセル＝ジョンストン議員会議議長（当時）、ベルクヴィスト非加盟国関係小委員長などが訪日し、国会などを訪問したほか、早稲田及び立命館大学でのセミナーに参加した。

2002年３月には、シュヴィマー事務総長が訪日し、参議院議長、植竹外務副大臣等との懇談を行い、また、総合研究開発機構（ＮＩＲＡ）及び、大阪大学大学院で講演を行った。

（４）ＣＥの活動への積極的貢献

日本は、毎年、欧州評議会が実施している複数のセミナー（主として、中・東欧諸国の民主化支援を目的とするもの）に対し、国際交流基金を通じる等して積極的な財政的貢献を行うとともに、各分野の著名な専門家を派遣して知的貢献を行っている。また、2001年11月に実施されたコソヴォ全域選挙に際しては、ＵＮＭＩＫ及びＯＳＣＥからの依頼に基づいて結成されたＣＥ選挙監視団に日本より短期選挙監視要員6名及び連絡調整要員5名を派遣

した。

（５） 死刑廃止問題

　2001年6月に、ＣＥ議員会議は、日本及び米国に対し、死刑廃止を求め、2003年1月までに重要な進展が見られない場合は、両国のＣＥのオブザーバー資格を問題にする旨の決議を採択している(但し、ＣＥ非加盟国に対するオブザーバー資格の一時停止乃至撤回は閣僚委員会の権限)。なお、現在ＣＥ加盟国全てにおいて死刑制度は廃止又は執行停止（ロシア、トルコ、アルメニアは死刑執行を停止中） されている。

＜決議1253（2001）〔1〕＞

欧州評議会のオブザーバー国における死刑廃止

1　欧州評議会議員会議は、いかなる死刑制度にも反対することをここに再確認する。議員会議は、死刑は、近代市民社会の刑罰システムにおいて何ら合法的な位置づけはできないものと考え、また、その適用は、ヨーロッパ人権条約第３条に言う拷問および非人道的または品位を傷つける刑罰を構成すると考える。

2　議員会議は、死刑制度を科しても犯罪抑止の効果がないことは証明されており、また、人間が裁くことによる誤判の可能性、さらには、無実の人々を執行するという悲劇が生ずる可能性を孕んでいることを確信している。

3　議員会議は、死刑執行の即時停止を実施し、長期的措置として死刑を廃止する積極的な意思を持っていることが、1994年以来、評議会に加入するための必要条件となったことを想起する。結果として、1997年以

降評議会を構成する43の国々が事実上の死刑廃止地域を構成するに至った。

4　オブザーバー資格に関する法定（Statutory）決議（93）26のもとでは、評議会のオブザーバー資格を希望する国は、民主主義の原則、法のもとの統治、すべての人々による人権と基本的自由の享受を積極的に引き受けなければならない。カナダ（1996）、メキシコ（1999）、日本（1996）、アメリカ合衆国（1996）はそれぞれの評議会の閣僚委員会によってオブザーバー資格を認められている。日本とアメリカ合衆国は、法律に死刑を規定し、執行を行っている。

5　議員会議は、それがどこで行われようともすべての死刑執行を非難している。しかし、とくに人権尊重の義務を負っているオブザーバー国での執行に対して憂慮を感じている。議員会議は未成年者、精神的な病気や障害を負った人々に対する執行、さらに、死刑事件の必要的上訴のシステムが不十分な点を問題であると考えている。また、日本とアメリカ合衆国の死刑囚監房の状況にも大きな関心を寄せている。両国では、「死刑の順番待ち」現象（『国際人権と刑事拘禁』399頁〔北村泰三著、日本評論社〕より）として知られる精神的な苦痛を生じさせる状況が悪化しており、これは、明らかに1989年にヨーロッパ人権裁判が人権侵害であると明示している。

6　両オブザーバー国において死刑廃止を遠く遅らせているさまざまな障害、たとえば、世論の高い支持などがあることを議員会議は把握している。ヨーロッパでの経験が示しているように、こうした障害は乗り越えることができ、また乗り越えなければならない。アメリカ合衆国では、刑事司法制度は、連邦に独占的に権限があるわけではない。しかし、連邦議会も州議会もまた合衆国内の死刑を廃止した法制度を持つ13州の例に倣うべきである。

7　日本およびアメリカ合衆国が、ヨーロッパ評議会のオブザーバー資格を認められた際、評議会の死刑制度に対する立場はすでに明らかであったが、まだヨーロッパの国々全体としての理解には至っていなかった。今日、評議会は、まさに現在死刑執行を行っている国を受け入れることはしていない。死刑の適用を、もっとも基本的な人権、つまり生命権、拷問および非人道的または品位を傷つける取扱いから保護される権利の侵害であるという考えから、議員会議は、日本とアメリカ合衆国はオブザーバー資格の法定（Statutory）決議（93）26の義務に造反するとの判断に至ったのである。

8　よって、議員会議は、日本とアメリカ合衆国に対して、以下のように要求するものである。

i　遅滞なく、死刑執行の停止を実施し、死刑廃止に必要な段階的措置をとること

ii　「死刑の順番待ち」現象を緩和するという観点から（これには死刑執行をめぐる秘密性や権利や自由の不必要な制限をすべて止めること、刑の確定後、再審請求後の外部交通の拡大を含む）、直ちに死刑囚監房の状況を改善すること。

9　議員会議は、日本および合衆国が死刑の執行停止の実施および廃止を行うことを支援するあらゆる措置をとることを決定した。これにより、議員会議は、あらゆる形態において日本および合衆国（州および連邦）の議員らとの対話をはじめる。これは、死刑の執行停止の実施および廃止を促進するための立法をサポートするためであり、死刑廃止に反対する人々を議論に巻き込むためである。

10　議員会議は、欧州評議会と日本・合衆国との間に死刑廃止に関する価値観の根本的な違いが存在することについて非常に遺憾に思っている。こ

れらオブザーバー資格を持つ国々に対して、この広く開いた両者の溝に橋を架ける真剣な努力をすることを要求する。また、2003年1月1日までに議員会議の要求の実現において著しい進歩が見られなかった場合には、議員会議は、両国の評議会に対する包括的なオブザーバー資格の維持について、異議を唱えることを決定するべきである。

11 議員会議は、今後の方針として、議員会議について各国議会に認めるオブザーバー資格の承認、また、評議会に対する包括的なオブザーバー資格に関する勧告は、死刑執行の停止を厳守しているか、あるいはすでに死刑を廃止した国についてのみ行うものと決定する。

〔1〕議員会議は、2001年6月25日（第17回会議）において議論を行った（文書9115：法務および人権委員会の報告者であるボルベンド氏のレポートを参照のこと）。本文書は、議員会議において、2001年6月25日（第17回会議）に採択された。

<勧告1552（2001）〔1〕>

評議会のオブザーバー国の死刑廃止

議員会議は、評議会のオブザーバー国の死刑廃止に関する決議1253（2001）に照らして、閣僚委員会が以下のことを行うよう勧告する。

i 死刑囚監房の状況を直ちに改善するよう求めた議員会議の要求について、また、遅滞なく将来にわたって死刑廃止を行うことを目指した死刑執行の停止を実施することについて日本および合衆国との対話を始めること

ii 日本および合衆国が議員会議の決定に従うことを促すための措置をとることを検討すること

iii 今後は死刑執行の停止を厳守しているか、あるいはすでに死刑を廃止し

ている国々に対してのみ、評議会への包括的なオブザーバー資格を認めるとの方針を確保すること

〔1〕議員会議は、2001年6月25日（第17回会議）において議論を行った（文書9115：法務および人権委員会の報告者であるボルベンド氏のレポートを参照のこと）。本文書は、議員会議において、2001年6月25日（第17回会議）に採択された。

資料3.

人権及び基本的自由の保護のための条約についての第6議定書
(死刑廃止に関する欧州人権条約の第6議定書)

1950年11月4日にローマで署名した人権及び基本的自由の保護のための条約(以下、「条約」という)についてのこの議定書に署名する欧州評議会加盟国は、欧州評議会の若干の加盟国において生じた発展が死刑の廃止に賛成する一般的な傾向を示していることを考慮して、次のとおり協定した。

第1条【死刑の廃止】 死刑は廃止される。何人も、死刑を宣告され又は執行されない。

第2条【戦時等における死刑】 国は、戦時又は急迫した戦争の脅威があるときになされる行為について法律で死刑の規程を設けることができる。死刑は法律に定められた場合において、かつ、法律の規程に基づいてのみ適用される。国は、当該の法律の規程を欧州定規会事務総長に通知する。

第3条【条約第15条との関係】 条約第15条は、この議定書の規程の適用除外を許すものではない。

第4条【留保の禁止】この議定書の規程については、いかなる留保も、条約第64条に基づいて付すことができない。

第5条【非本土地域への適用】 1 いずれの国も、署名の時又は批准書、受諾書若しくは承認書の寄託の時に、この議定書が適用される地域を指定することができる。

2 いずれの国も、その後のいずれの時でも、欧州評議会事務総長にあてた宣言によって、その宣言において指定したいずれか他の地域にこの議定書の適用を拡大することができる。議定書は、同事務総長によるこの宣言の受理の日の翌月の1日に当該地域について効

力を生ずる。

3　1及び2に基づいてなされたいずれの宣言も、欧州評議会事務総長にあてた通告によって、その宣言において指定したいずれかの地域に関して、撤回することができる。

撤回は、同事務総長によるこの通告の受理の日の翌月の1日に効力を生ずる。

第6条【議定書の条文の性格】　締約国間において、この議定書の第1条から第5条までの規程は、条約への追加条文とみなされ、かつ、条約のすべての規程は、それに応じて適用される。

第7条【署名及び批准】　この議定書は、条約の署名国である欧州評議会加盟国の署名のために開放しておく。議定書は、批准、受諾又は承認されなければならない。欧州評議会加盟国は、同時に又は事前に条約を批准するのでなければ、この議定書を批准、受諾又は承認することはできない。批准書、受諾書又は承認書は、欧州評議会事務総長に寄託する。

第8条【効力発生】　1　この議定書は、欧州評議会の5の加盟国が第7条の規定に基づいて議定書に拘束されることへの自国の同意を表明した日の翌月の1日に効力を生ずる。

2　議定書は、その後に議定書に拘束されることへの自国への同意を表明する加盟国については、批准書、受諾書又は承認書の寄託の日の翌月の1日に効力を生ずる。

第9条【欧州評議会事務総長による通報】　欧州評議会事務総長は、評議会加盟国に次のことを通報する。

a　署名

b　批准書、受諾書又は承認書の寄託

c　第5条及び第8条に基づくこの議定書の効力発生の日

d　この議定書についてのその他の行為、通告又は通知

＜有斐閣『国際条約集』1994より＞

資料 4
死刑廃止をめぐる最近の世界の動き

「死刑廃止ニュース」から（アムネスティ・インターナショナル）
死刑に関する事件と世界的な廃止への動きの概要

http://homepage2.nifty.com/shihai/dp_news/top.html

【2001年3月】

死刑廃止への動き

カリブ諸国およびフィリピンにおける実際的な進展

カリブ諸国——カリブ裁判所の絶対的死刑に反対する判決

4月2日に、東カリブ上訴裁判所は、カリブ諸国において絶対的死刑は憲法違反であるとの判決を下した。この画期的な判決によって、裁判所は、管轄下にある7カ国（アンチグア・バーブーダ、ドミニカ、グレナダ、モントセラト、セントクリストファー・ネビス、セントルシア、セントビンセント・グレナディーンおよびアンギラ）における死刑の適用をかなり縮小させることになる。

裁判所が扱うすべての囚人に影響を及ぼすその判決は、双方とも殺人罪で死刑判決を受けていたセントビンセント・グレナディーン出身のNewton Spenceと、セントルシア出身のPeter Hughesの事件に関するものである。この事件は、ロンドンの枢密院司法委員会によって、東カリブ上訴裁判所に差し戻された。

「絶対的死刑は、取り返しのつかない刑罰を科すにもかかわらず、裁判所が彼らに下す判決について軽減事由を斟酌するいかなる機会も奪うことになる」というSaunders判事の言葉がある。

絶対的死刑を排除することで、死刑が最も重大な事件のみに科せられるようになるであろう。

フィリピン——減刑

2000年12月にすべての死刑判決を減刑し、議会で死刑法を廃止することを支持したエストラダ大統領であるが、汚職の罪による弾劾裁判からまきおこった大衆の抗議のなか、2001年1月20日に辞職した。辞職する前に、前大統領は、最

高裁判所で確定した103人の死刑囚の減刑命令に署名した。

３月に、アロヨ新大統領は、処刑が迫っていたとされる２人の男の判決を減刑した。さらに、最高裁判所で死刑が確定していた17人にも、処刑が迫っていると報じられていた。しかし、ＡＦＰ通信によると、新たに司法長官に任命されたHernando Perezは、在任中、「最も重大な事件」を除いては、すべての死刑確定判決を減刑するように大統領に促すと言ったということである。

後に、アロヨ大統領は、在任中、議会が法律上死刑を廃止すべきか否かを決定しないうちは、死刑の執行を支持しないと言ったと報じられている。

フィリピンには、1500人以上の死刑囚がいる。

イラン――死刑に反対する者

１月27日に、テヘランの軍裁判所は、1998年のDariush Foruhar、彼の妻であるParveneh Eskandari、Mohammad MokhtariおよびMohammad Ja′far Puyandehの殺害のかどで３人の国家情報省員に対して死刑を言い渡した。被害者は、政治活動家と著名な作家で、政府の改革と社会的多元主義を擁護する者を黙らせて威嚇するための疑わしいキャンペーンの一環として殺害された。イランにおいて相当に知れ渡り、メディアの論評に関心がもたれた事件は、それについてメディアで許されない論評をした者は誰でも起訴されることになると警告した裁判官によって、高度な国家にかかわる問題として考慮された。Dariush ForuharとParveneh Eskandariを代理する弁護士のNaser Zarafshanは、殺人の責任についての意見を言ったために拘禁された。

Dariush Foruharは、1979年のバザルガン首班の臨時政府で労働大臣を務め、反体制派のHezb-e Mellat-e Iranの指導者であった。彼は、著名な反体制活動家である妻のParveneh Eskandariと共に1998年11月にテヘランで殺害された。1998年12月に殺害されたと思われるMohammad Mokhtariは、作家協会Kanun-e Nevisandeganの再建に尽力している作家グループに属していた。そのグループのメンバーであるMohammad Ja′far Puyandehは、会合に出かける途中で姿が消えた。

殺害された知識人の家族は、裁判官によって出された口止め命令と、犯罪動機や高位の当局筋が関与したかどうかを示す重要な証拠を記録から排除した疑いに異議を申し立てたため、裁判にかかわることができなかった。今や、その家族は、死刑に同意したことも報復を求めたこともないと言って、秘密警察官に下された

死刑判決に公然と反対を表明している。Mohammad Mokhtari の家族の弁護士 Ahmad Bashiriは、殺人の被害者の親族は個人的な考えや信念で誰かを殺すことに反対していると述べた。テヘランの日刊紙 Dowran-e-Emrouz に、「その家族は、彼らは殺人者ではなく、不寛容な悪習を根絶したいと言っている」と、彼の話が引用されている。

イランにおいては、2000 年に少なくとも 75 人が処刑されている。2001 年の今日までにすでに35人が処刑されたと報告されており、そのなかには、薬物所持で逮捕されて３月19日に公開で絞首刑に処せられた30歳の女性も含まれている。

ギニア——17 年ぶりの処刑

Tamba Toundoufendouno、Denka Mansare、Ibrahima Bangoura および Mohamed Cisseno の４人の男が、1995 年に犯した殺人のかどで死刑判決を受け、２月５日に異なった場所で処刑された。これらの処刑は、法律上死刑が廃止されていないにもかかわらず、ギニア大統領にランサナ・コンテが就任した1984 年以降、初めて行われたものであった。無名の男が、首都コナクリの東部にあるキンディアで拘禁されている。

処刑の後に、Abou Camara 司法大臣は、「今後、司法制度と政府はこのような方法をとるであろうが、彼らの処刑を決定したのは政府ではない。殺人で有罪判決を受けた者誰もが処刑されることになる」と述べた。

短　報

アフガニスタン——２月 23 日に、売春を行って「モラルを低下させる原因となった」２人の女性が、南部にあるカンダハールで公開処刑された。タリバーン・ラジオ放送は、何千人という人が競技場で絞首刑に処せられた２人の女性を見たと報じている。

バングラデシュ——３月 14 日に Firoze Mia が絞首刑に処せられたが、これは、首都ダッカの中央刑務所で 1977 年以来初めて行われた処刑である。ダッカ・デイリー・スターが報じるところによると、Firoze Mia は、1991 年に、ビー玉遊び中に口論になった彼の子どもと隣人の息子の仲裁に入ったときに、２人の子どもを含めて４人を殺害したということである。

カナダ――Atif RafayとSebastian Burnsの２人のカナダ人は、1994年７月にアメリカ合衆国ワシントン州でAtif Rafayの家族を殺害したかどで告訴され、その後カナダに逃げてきたが、合衆国での裁判を受けさせるために引き渡されることになった。３月に、カナダ政府は、裁判が行われることになっているワシントン州キング郡の検察官から、もしその男が有罪であっても死刑判決は言い渡さないという保障を得ていた。

その２人の男は、秘密捜査員が殺人について自慢している会話をテープ録音したといわれる1995年から、ブリティッシュ・コロンビア州のバンクーバーで拘禁されている。しかし、1976年から通常犯罪について死刑を廃止しているカナダは、処刑される可能性のある自国民を引き渡そうとしなかった。２月に、カナダ最高裁判所は、政府からその自国民を死刑にしないという保障を得られない限り、彼らを合衆国に送ることはできないと全員一致で判示した。

キング郡のNorm Maleng検事は、「これらの男が法に照らして処断されたとわかり」、「この悲劇的事件について決着がつくこと」に関心があることのほかは、「個人的には、われわれの州内で起きた犯罪に対してわれわれの州法を適用することを、外国の政府が制限できるという考えに困っている」と３月９日のカナダ放送で発表した。

イタリア――３月に、死刑反対組織であるハンズ・オフ・カインは、nexta.comというオンライン会社と共同で、国連で世界的な処刑の停止について票決するように求めるインターネットによる請願を始めた。このキャンペーンには、インターネット・ユーザーの間に死刑に関する意識を高めようというねらいもある。ＡＦＰ通信によると、ハンズ・オフ・カインの幹事Sergio D'Eliaは、「われわれは、インターネットで、死刑の統計が国家機密と考えられている中国や、この情報が検閲されるキューバやアフガニスタンのような国々において、人権が閉ざされている国境を越えることができる」と述べたということである。

マサチューセッツ州――３月12日に、州の下院は、94対60で死刑の復活に反対の票決をした。34票という票差は、1997年に最後に死刑に関する論議がなされたときに、復活法案がたった１票差で否決されたのと対照的である。そのいくつかの要因は、刑事司法制度に対する信頼が失われたこと、よりリベラルな議員

が死刑に賛成する者に取って代わったことの結果によるものであるとされる。3月13日のボストン・グローブによると、議会の刑事司法委員会の委員であるColleen Garry下院議員は、「われわれは、街の安全策にお金を費やし、事件後の報復よりも殺人の予防に目を向けるべきである」と述べた。Thomass Finneran議長は、全国的な傾向を反映し、「死刑から離れた異常な動き」を示した票決であるとした。

バチカン市国——2月1日に、バチカンは新しい憲法を公布した。これは、2000年11月にローマ法王ヨハネ・パウロⅡ世が署名して法となったもので、死刑の記載がない。憲法の改正は、バチカンがイタリア内の独立国家となった1929年から初めて行われた。

死刑は、1969年に法王パウロ六世により、バチカン市国刑法において廃止されたが、今日まで、国家の憲法からは削除されていなかった。

【2001年6月】

死刑廃止への動き

欧州審議会が日本およびアメリカ合衆国に死刑の執行停止を求める

6月25日に、欧州審議会議員会議は、日本およびアメリカ合衆国に対して、即時に死刑の執行を停止し、死刑囚の処遇を改善し、この2国が死刑廃止に向けて必要な措置を講じるように求める票決をした。

6月25日に採択された1253決議（2001年）のなかで、議員会議は、2003年1月までにこの決議の履行について進展がないならば、日本およびアメリカ合衆国のオブザーバーの地位の継続に異議を唱えることも決定した。

この決議は、死刑の適用は「欧州人権条約第3条の意味する拷問または非人道的な若しくは品位を傷つける刑罰に該当する」ともしている。

議員会議は、欧州審議会に加盟する43カ国の議員から構成され、主要な人権に関する欧州の政府間組織である。欧州審議会のオブザーバーの地位を有する国は、カナダ、メキシコ、バチカン、日本およびアメリカ合衆国である。日本およびアメリカ合衆国は、1996年にオブザーバーの地位を与えられた。

議員会議は、今年の初めに日本およびアメリカ合衆国へ派遣された委員会実情

調査団をもとに、会議の法務および人権委員会のために準備された、リヒテンシュタインの議員Renate Wohlwendの報告に基づいて行動した（決議および報告は www.coe.int で見ることができる）。

その報告書は、日本における死刑に関して、処刑の密行主義、過酷な拘禁状態、拷問および自白の強要の申し立てを特に懸念事項として引用している。

アメリカ合衆国については、報告書は、少年犯罪者および精神障害者または精神遅滞者の処刑、死刑の適用における人種的および経済的な差別、死刑囚監房の過酷な拘禁状態を強調している。

法務および人権委員会の委員長Gunnar Janssonは２月に日本を訪れた。彼は、東京拘置所を訪問し、法務大臣、他の政府要員、法律家および死刑廃止議員連盟のメンバーと会った。また、彼は、無罪放免になるまでに、あわせて55年間死刑囚として過ごした元死刑囚にも会った。

Renate Wohlwendは、３～４月にアメリカ合衆国を訪れ、死刑囚監房はないものの２カ所の刑務所を参観し、政府役人や研究者だけでなく２人の元死刑囚にも会った。

議員会議は、かつて、ウクライナ、ロシアおよびその他の欧州連合加盟国が、死刑を廃止するよう支援して強い働きかけを行った（死刑廃止ニュース1999年３月号参照)。

チリ——死刑廃止

５月28日に、チリのラゴス大統領は、通常犯罪に対する死刑を廃止し、終身刑に代替する法に署名した。法19734号は6月５日に官報で公布された。死刑は、戦時の犯罪を定める軍事刑法には規定されたままである。

死刑廃止に向けた決定的な歩みは、Juan Hamilton上院議員が死刑廃止法案を提出した2000年８月に始まった。この法案は、2000年12月に上院で可決され、2001年４月に下院を66対37で通過した。新法のもとでは、最も凶悪な犯罪を犯した者は、最低40年服役しなくてはならない。

死刑は、19世紀から規定されていたが、めったに執行されることはなかった。

1985年の強姦殺人を犯した２人の警察官の処刑が最後の処刑である。それ以来、上訴で破棄されなかったすべての死刑判決は、大統領命令によって終身刑に減刑されていた。

アイルランド――死刑に関する国民投票

6月7日に、アイルランドの有権者は、憲法からすべての死刑関係事項を削除し、上下院が「死刑条項を定める法」を制定できないようにする憲法修正21におきかえる法案に投票した。その結果は、憲法から死刑を削除するのに賛成が62パーセント、反対が37パーセントであった。

死刑は、1990年に刑法から削除されている。アイルランドにおいて、最後に処刑が行われたのは1954年である。

アメリカ合衆国――スペイン人の死刑囚が無罪放免される

フロリダ州で3年の間死刑囚であったスペイン人が、再審によって無罪であることが明らかになった。

現在30歳のJoaquin Jose Martinezは、1995年に犯した殺人で1997年に死刑判決を受けたが、この判決は、フロリダ州最高裁判所で訴訟手続違反により昨年（2000年）破棄された。第一審で採用された、Martinezに罪があることを示す供述であると申立てられたテープは、聞き取れないため再審において認めらないと判示された。ところが、新しい陪審員は、聞き取れないテープの写しが、殺人が行われた時の警察署の証拠室の管理人であり、この事件について1万ドルの懸賞金を申し出ている被害者の父親によって用意されたという証拠を審理した。

再審が結審した6月5日に、陪審員は、彼についての証拠は不十分であるとして、全員一致でJoaquin Jose Martinezを無罪放免とした。スペインのアスナール首相は、評決を歓迎して、「このスペイン人の無罪が明らかになったことを喜ばしく思う。私は常に死刑に反対してきたし、これからも常にそうである」と述べた。

この事件は、Joaquin Jose Martinezの家族が世論を動員して、弁護人を雇うための資金を集めたスペインにおいて、重大な関心事となっていた。3万人が署名した請願書が、フロリダ州の知事および地方検事に送られ、スペインのカルロス国王およびローマ法王ヨハネ・パウロⅡ世の双方からも、減刑の要請がなされていた。

Joaquin Jose Martinezのスペインへの帰国は、合衆国のブッシュ大統領の最初の欧州訪問と同時であり、彼は、スペインの首都マドリードでの死刑反対抗議によって迎えられた。

Joaquin Jose Martinezは、1973年以降に無実の罪が晴れた、フロリダ州では

21人目、アメリカ合衆国では96人目の死刑囚である。フロリダ州においては、5人の死刑囚が処刑されるたびに、2人の別の死刑囚が無罪放免となっている。

フロリダ州には、殺人を犯した別の2人のスペイン人の死刑囚がいる。Pablo Ibarの家族は、Joaquin Jose Martinezと同じ弁護士に依頼し、Julio Moraは精神疾患に悩まされている。

アメリカ合衆国——38年ぶりの連邦での処刑

6月11日に、インディアナ州テレ・ホートで、1995年のオクラホマ・シティの連邦ビルの爆破によって多くの子どもを含む168人を殺害したティモシー・マクベイが致死薬注射によって処刑された。

ティモシー・マクベイの事件が世界中のメディアの注目を浴びていたので、6月19日に同じ刑務所で行われたメキシコ系アメリカ人のJuan Raul Garzaの処刑は、裁判時に提出された証拠に重大な懸念と、連邦の死刑判決の際には人種的および地理的な不均衡があったにもかかわらず、ほとんど報じられなかった。

Juan Raul Garzaは、大麻取引の途中で3人の男性を殺害して、1993年にテキサス州で死刑判決を受けていた。

中国——処刑の増加

4月11日に北京で犯罪を撲滅するための国家的な「厳打」キャンペーンが宣言され、この日だけでも89人が処刑された。先の犯罪取締りによって、死刑囚が劇的に増加し、多数の誤判の疑いが生じた。

キャンペーンの開始から300人以上が死刑判決を受け、今年のこれまでに1000人以上が処刑されている。この処刑の増加は、4月にジュネーブで開催された国連人権委員会でなされた人権に関する議論の際に、中国政府が再び妨害をしたのと時を同じくしている。

アムネスティ・インターナショナルは、1990年代の中国において、すくなくとも27,599の死刑判決と18,194の処刑を記録している。中国における死刑判決および処刑が公式にはわずかしか記録されていないとしても、この限られた記録に基づく数字は、残りの世界の国々をあわせた数字よりも、まだはるかに多い。

死刑廃止世界会議——第1回死刑廃止世界会議が6月21～23日にフランスのストラスブールで開催された。「皆で一緒に死刑に反対する会（Ensemble contre

la peine de mort)」が発起人となり、欧州審議会が後援し、欧州議会やフランス議会の議員、多数の非政府組織の構成員だけでなくアメリカ合衆国および日本の元死刑囚も出席した。

全世界における死刑廃止を目的とする世界的な死刑執行停止の要請に、15人の議会議長らが署名した。

国連——国連人権委員会の第57会期が4月にジュネーブで開催された。欧州連合は、昨年採択されたのと同様に、世界的に死刑の執行を停止し、死刑事件における国際的な保護条項を厳守することを求める死刑に関する決議を再び上程した（死刑廃止ニュース2000年6月号参照）。今年の決議には、すべての死刑存置国は「いかなる精神障害者にも死刑を適用せず、または死刑を執行しない」とする項や、死刑に関する5年毎の報告書に、「犯行時18歳未満の少年に対する死刑の適用に特に注意を払いながら」、毎年の補遺を事務総長が委員会に提出することを求める項が含まれている。

4月25日に、この決議は、賛成27、反対18、棄権7、欠席1で採択された。

短　　報

バングラデシュ——3年半以上の中断の後に処刑が再開され、2月と3月に2人の男性が絞首刑に処せられた。2月15日に、ダッカ中央刑務所で2人の子どもを含む4人を殺害して有罪判決を受けたFiroze Miaが絞首刑に処せられた。3月1日には、自分の妻を殺害したMotaleb Hawladerが、バリサルのJessore刑務所で絞首刑に処せられた。

コンゴ民主共和国——4月27日に、ムバンダカの軍裁判所で死刑判決を受けた17歳の少年兵Nanasi Kisalaは、首都キンシャサの死刑囚監房を有する中央刑務所に移送された。彼と共に拘禁されていた別の5人の少年兵は、死刑判決を終身刑に減刑された。

インド——5月10日に、最高裁判所は、1990年にアッサムで犯した殺人で有罪判決を受けたRam Deo Chauhaの死刑判決についての再審請求を却下した。Ram Deo Chauhaは、1992年の犯行時、15歳であったという確実な証拠があっ

たが、この事件は少年法廷で審理されなかった。インドの少年法によると、犯行時16歳未満の少年には、死刑を科すことはできず、少年法廷において審理を行わなくてはならない。それにもかかわらず、最高裁判所は、昨年（2000年）の上訴を却下して、「上訴人が事件発生時に若かったという理由だけに基づいてより軽い刑を判決するように、それを軽減事由として考慮することはできない」とした。

インドネシア——5月19日に、西ティモールの都市クパンで、共に34歳のGerson PandieとFredik Soruが銃殺刑執行隊によって処刑されたが、これは6年ぶりに行われたものであった。彼らは、1989年に犯した殺人で死刑判決を受けていた。

ニューメキシコ州——11月6日に、サンタフェ近くの刑務所で、1960年以来初めての死刑が執行された。1986年に殺人罪で有罪判決を受けたTerry Clarkは、自己の希望で致死薬注射によって処刑された。

ペンシルベニア州——12月18日に、ペンシルベニア州地方判事のWilliam Yohnは、1982年の原審の判決言渡手続段階での誤りに言及して、ムミア・アブ＝ジャマールの死刑判決を覆した。有罪判決自体を支持し、判決を上訴することを認めた判事は、新しい量刑に関する審問のために当事者に180日を与えた。

ジャーナリストで、作家で、かつてはブラック・パンサーのメンバーであったムミア・アブ＝ジャマールは、1981年の警察官殺害で有罪判決を受けた。1995年および1999年の2回の死刑執行命令書は、裁判所によって停止された。

ムミア・アブ＝ジャマールは、自分の無実と、1982年の裁判が不公正であったことを一貫して主張している。彼の主張は、世界中の政治指導者および運動家からの支持を集めた（死刑廃止ニュース1995年9月号参照）。

テキサス州——10月22日に、1985年の17歳の時に殺人罪を犯したGerald Mitchellが処刑された。処刑される前の最後の言葉の中で、彼は、殺人を悔いて「命を奪って申し訳ありませんでした……神様お許し下さい」と言った。

Gerald Mitchellは、残りの世界中の少年死刑囚を合わせた数よりも、多くの少年を処刑している合衆国において、1977年以降に処刑された18人目の少年犯罪者である。

ジンバブエ――10月9日に、ハラーレで、殺人罪で有罪判決を受けた3人の男が絞首刑に処せられた。この処刑は、1998年4月以降初めて行われたものである。

イラン――5月29日に、イラン西部の刑務所で、18歳のMehrdad Yousefiが絞首刑に処せられた。イランの国営通信IRNAによると、彼は、2年前の16歳の時に男性を刺殺して、有罪判決を受けたということである。

同時期に14人の少年犯罪者を処刑したアメリカに次いで、イランは、1990年以降、犯行時18歳未満の者を少なくとも7人処刑している。少年犯罪者の処刑は、国際的な人権準則において禁じられている。

シンガポール――シンガポール社会の意外な動向を表す結果として、非政府組織Think Centreによる最新のインターネット投票では、シンガポールの1,135人の投票者のうち68.5パーセントが死刑の反対を支持した。シンガポールは、世界的に人口当たりの処刑率が最も高く、過去10年間に人口320万人のうち340人を処刑した。ほとんんどが薬物事犯であった。死刑は、殺人罪、反逆罪、薬物取引、小火器使用犯罪について絶対的である。

アメリカ合衆国――6月27日に、初めて、オランダのハーグの国際司法裁判所(ICJ)は、その仮の命令は国家に拘束力があり、1999年3月にアリゾナ州で処刑されたドイツ人Walter LaGrandについて、処刑延期の裁判所命令を無視したアメリカ合衆国は不法であるとする判決を下した。彼の兄弟のKarl LaGrandは、1999年2月に処刑されている(死刑廃止ニュース1999年3月号参照)。

また、国際司法裁判所(ICJ)は、KarlとWalterのLaGrand兄弟が1982年に逮捕された後、合衆国が1969年に批准した領事関係に関するウィーン条約で要請されている領事の援助を受ける権利について彼らに知らせなかったことは、国際法違反であるとの判決も下した。合衆国は、国際司法裁判所(ICJ)にこの事件を提訴したドイツに謝罪した。

【2001年9月】

死刑廃止への動き

中国――劇的な処刑の増加

中国政府は、犯罪に対してまた「厳打」キャンペーンを開始した。4月から7月の間に少なくとも1,781人が処刑された。これは、中国を除いて世界で過去3年間に処刑されたとされる総数以上である。暴力犯罪はもちろんのこと、贈収賄、売春周旋、横領、詐欺、有害食品の販売、「株式相場の混乱」などの様々な犯罪で全部で2,960人が死刑判決を受けた。

成果を示すように迫られて、河南省の警察は4月の2日間に3,000の事件を解決したと公言した。四川省においては6日間に19,000人以上を逮捕したと警察が報告した。検察は、「迅速な逮捕、迅速な裁判そして迅速な結果」を成し遂げるように、「もつれた細部に留意しない」と強調した。裁判所も、迅速さとキャンペーン期間中の「特別な訴訟手続」を誇った。

このような状況においては、誤判はより起こりやすくなっている。安徽省の工科大学の助教授liu Mingheは、この最近の「厳打」キャンペーン中に逮捕された。彼は、暴力的な尋問と拷問によって、犯してもいない殺人罪を自白させられたと主張したが、伝えられるところでは、彼の不十分な証拠に基づく有罪判決が破棄されたのは、彼が共産党員であることや、彼の家族の資産および社会的地位によるところが大きいということである。

多くの死刑囚は、自白を引き出すために拷問を受けたということである。処刑された死体からの同意なしの臓器提供も相変わらず行われている。

ほとんどの処刑は、公共の広場や2008年のオリンピックでサッカー競技が開催される予定の北京工人体育場のような競技場に大勢の群衆を集めて行われる公判大会の後で行われている。4月と5月に山西省で行われた公判大会には180万人が参加したということである。死刑囚は、銃殺刑執行隊または頭部への銃撃によって処刑される前に、公然と引き回すことで儀式的な辱めを受けている。

ロシア――大統領が死刑執行停止を支持

テレビ放送された7月9日にクレムリンで行われた世界銀行総裁との会議での所見のなかで、ロシアのプーチン大統領は、「国家は神だけが与えることのできる権利、すなわち人権を奪ってはならない。それで、私は、ロシアが死刑を復活す

るのに反対すると確固として言うことができるのである」と述べた。

プーチン大統領は、国家が残酷なことを保障するということは、犯罪と闘うのには意味がなく、新しい暴力を生むだけであると思うという言葉も引用した。彼は、広く世論が処刑の復活を支持しているにもかかわらず、ロシアで5年間行われている死刑の執行停止を続けるべきであると述べた。

しかし、ロシアは、平時における死刑の廃止を規定し、欧州審議会への加盟要件となっている欧州人権条約第6議定書をまだ批准していない。ロシアは、1996年2月に欧州審議会に加盟した（死刑廃止ニュース1996年3月号、1999年6月号参照）。ロシアは、国内法において死刑を廃止しておらず、現在のところ、そのような計画もみられない。

ナイジェリア――イスラム法廷が石打による死刑判決を下す

9月に、北部のケッビ州のビルニンケッビの高等イスラム法廷は、35歳のAttahiru Umarに対して石打による死刑判決を下した。7歳の少年に対する同性愛行為を犯して、隣人に告発されたAttahiru Umarは、法廷で読み上げられた陳述書のなかで、犯罪を自白したとされる。伝えられるところでは、法廷は、医学的な確認を求めなかったし、ジャーナリストがAttahiru Umarに接見することは、刑務所当局によって拒否されたということである。

10月に、姦通罪を認めたと申し立てられ離婚した30歳の女性Safiya Tungar-Tuduに対して、ソコト州のグワダバワの高等イスラム法廷は、石打による死刑判決を下したということである。双方の事件とも、州知事が死刑を執行する承認をしなければならない。

過去2年の間に、ナイジェリアの北部のいくつかの州は、イスラム法の原則に基づいて、イスラム教徒のための刑事法を導入した。石打による死刑は、以前はより軽い刑罰を適用されていたいくつかの犯罪にまで拡大された。イスラム法の法的慣習においては、証拠原則、上訴権、法定代理権、適用できる刑罰が、イスラム教徒ではない市民に適用される法とは異なっている。

パキスタン――神への冒涜に対する死刑

8月18日に、イスラマバードの刑事裁判所は、神への冒涜の罪で、医学校教授のYounis Shaikh博士に死刑判決を下した。申し立てられたところによると、彼は、講義中に預言者マホメットは、イスラム教が彼に啓示する40歳まではイスラ

ム教徒ではなかったと述べた。彼の発言は、イスラム教組織のMajlis Tahaffuz Khatm-i-Nabuwat（預言者の言行を擁護する委員会）によって取り上げられ、警察に告発された。Shaikh博士は、2000年10月から拘禁されており、上訴を申し立てている。

パキスタンにおいては、神への冒涜に対する死刑は絶対的なものであり、通常は高等裁判所で減刑される。しかし、今年の初めに、キリスト教徒で、神への冒涜の罪で死刑を言い渡されたAyub Masihの判決は、高等裁判所でも支持された。1996年10月に逮捕されて以来拘禁されており、現在はラホールの200マイル南西にあるムルタンで独居拘禁されているAyub Masihは、終局裁判所であるパキスタンの最高裁判所に、減刑を求める上訴をしている。

中国——被告人の臓器提供

8月3日の台湾の台北時報によると、中国南部の南昌のMetropolitan Consumpution Newsに、処刑された死刑囚の臓器を移植用に売買しているという記事があるという。その記事は、2000年5月に処刑されたFu Xinrongは、萍郷の裁判所によって、彼の腎臓を患者に移植するために病院に売られたとしている。伝えられるところでは、Fu Xinrongの家族は、まだ彼の死体または遺骨を返すという裁判所からの通知を受け取っていない。

6月に、アメリカ合衆国に亡命した中国人医師が、中国で処刑された死刑囚から移植用の臓器を摘出したと合衆国議会で証言した。Wang Guoqiは、100体以上の死体から角膜および皮膚を摘出したと述べた。彼は、臓器を保護するために処刑直後の心臓がまだ動いている間に、臓器は摘出されたとも述べた。

中国当局は、臓器売買または承諾なしの臓器提供について、繰り返し否定している。伝えられるところでは、Metropolitan Consumpution Newsの記者は、その職を失ったということである。

イラン——公開で絞首刑

8月にイランで28人以上が処刑され、そのなかには公開処刑もあった。8月16日に、セムナーンで、武装強盗を犯した3人の男性が公開で絞首刑に処せられた。マシャッドではReza NadiとKazem Alayemiが公開で絞首刑に処せられ、テヘランでは3人が公開処刑された。イスラム共和国通信（IRNA）によると、テヘランでの処刑に抗議した大衆に対して、警察が催涙弾を発射したということで

ある。その抗議によって、大統領および他の改革者は、公開処刑はイランの国外からの評判を悪くするとの懸念を表明するにいたった。

実数ははるかに多いと思われるが、イランにおいては、今年の９月末までに120の処刑を記録している。80人以上が死刑判決を受けたが、経済的な妨害のような死に至らない犯罪による者も含まれている。

短　報

アフガニスタン――８月８日に、首都カブールの大統領公邸近くで、クレーン車から吊るされて４人の男性が公開処刑された。彼らは、2000年11月にその町で爆弾を爆発させた容疑で有罪判決を受けていた。

アゼルバイジャン――５月15日に、アリエフ大統領は、アゼルバイジャンが、引渡請求の理由となる犯罪に対して請求国で死刑が適用される可能性のある事件を犯した犯罪者を引き渡すことを禁ずる法律に署名した。

アゼルバイジャンは、５年間の死刑執行停止の後、1998年２月に死刑を廃止した。最後の処刑が行われたとされるのは1993年である。アゼルバイジャンは、欧州人権条約第６議定書に署名し、市民的および政治的権利に関する国際規約第２選択議定書の当事国である。

アイルランド――９月21、22日にゴルウェーで、国際法および死刑廃止に関する二カ国語協議会が開催された。それは、アイルランド国立大学のアイルランド人権センターによって計画された。４つのセッションで扱われた論題は、国際規範、重大事件（LaGrandと国際司法裁判所、Ocalanと欧州人権裁判所、Burnsとカナダ最高裁判所）、外交関係の最前線と他の国際的なイニシアティブ、世界的な廃止への動きである。フランスの上院議員Robert Badinterが結びの演説を行った。

トルコ――トルコ議会は、10月３日に、「戦時、戦争の差し迫った脅威およびテロリズムを除いて、死刑を科すことできない」とする憲法改正案を可決した。

上訴裁判所で支持され、議会の承認があればすぐに処刑することができる117人の死刑囚のうち72人が、反テロ法によって判決を受けたものである。最後の処

刑は1984年に行われた。

アメリカ合衆国・連邦――7月2日のミネソタ女性弁護士グループの演説のなかで、処刑の再開を認めた最高裁判所判決（1976年・グレッグ対ジョージア州）の25周年を記念して、合衆国連邦最高裁判所のオコナー判事は、「20年後の高等裁判所において、この国の死刑が公正に執行されているかどうかについて重大な疑問が呈されることを認識しなければならない」と述べた。彼女は、近年容疑が晴れて釈放された死刑囚の数に注目して、「統計が暗示しているとすれば、その制度は無実の被告人の処刑を認めていることになるであろう」と述べた。ミネソタ州が死刑を廃止していることを示して、オコナー判事は、「あなたがたは、毎日、ほっと一息をついているにちがいない」と聴衆に語った。2000年および2001年に、12人の死刑囚または元死刑囚が容疑が晴れて釈放されたが、合衆国において1973年以降このような事件は98に達する。

アメリカ合衆国――9月15日に、合衆国連邦最高裁判所は、ノースカロライナ州の要請により、1987年に殺人罪で死刑判決を受けたErnest McCarverの事件について、争訟性がないとして却下した。合衆国連邦最高裁判所は、精神遅滞者の処刑は合衆国憲法に違反するとしてErnest McCarverが提起した問題を検討しなくてはならなかった。合衆国連邦最高裁判所がこの事件の再審理を決定した後、ノースカロライナ州では、精神遅滞者に対する死刑の適用を禁ずる法律を可決した。新しい法律は遡及して適用されるが、確定した死刑判決は自動的には減刑されない。

現在、合衆国連邦最高裁判所は、バージニア州で犯した殺人罪で1996年に死刑判決を受けたDaryl Atkinsの事件について検討している。伝えられるところによると、Daryl AtkinsはIQが57であり、彼の弁護士は精神遅滞を理由に上訴したということである。

今のところ、連邦と合衆国の18の州が、精神遅滞者に対する死刑の適用を禁ずる法を有している。今年だけでも、ノースカロライナ州、フロリダ州、コネチカット州、サウスダコタ州、ミズーリ州およびアリゾナ州の6つの州で、このような法律が導入された。1977年以降合衆国の処刑数の3分の1を記録しているテキサス州においては、精神遅滞者の処刑を禁ずる法案が州議会を通過したが、Rick Perry知事によって拒否された。

オクラホマ州――9月10日に、オクラホマ州の刑事上訴裁判所は、1990年に殺人ので死刑判決を受けたメキシコ人Gerardo Valdez Maltosの処刑の無期限の停止を認めた。弁護人は、領事権の違反に関する国際司法裁判所の最近の拘束力のある判例（死刑廃止ニュース2001年6月号参照）は、合衆国の裁判所においても適用されるべきであり、Gerardo Valdez Maltosの新しい審理でも保障されなくてはならないと主張して、裁判所に申し立てた。

6月6日に、オクラホマ州の恩赦および仮釈放委員会は、メキシコ領事の援助によって発見された軽減事由となる新しい証拠を審理して、Gerardo Valdez Maltosの減刑を勧告した。しかし、7月20日に、Keating知事は、領事関係に関するウィーン条約違反ではあるが、「無害の誤り」の結果にすぎないとして、恩赦および仮釈放委員会の減刑の勧告を拒否した。

テキサス州――8月15日に、Napoleon Beazleyは、処刑される予定のわずか4時間前に、テキサス州刑事上訴裁判所によって処刑の緊急停止が認められた。Napoleon Beazleyは、彼が17歳の時に犯した殺人で、1995年に有罪判決を受けた。彼は、この1年に合衆国において処刑に直面している3人目の少年犯罪者である。

目下のところ、17歳であった1985年に殺人を犯したGerald Mitchellという別の少年犯罪者の処刑が、テキサス州で10月22日に予定されている。

1997年以降、世界で12人の少年犯罪者の処刑が知られているが、そのうちの8人が合衆国で処刑されている。

【2001年12月】

死刑廃止への動き

アメリカ合衆国――死刑が容疑者の引渡を妨げる

2001年9月11日のニューヨークおよびワシントンD.C.での同時多発テロの後に、アメリカ合衆国政府は、これらおよび他の犯罪に対応するための国際協力を求めた。世界中の様々な国が、この「テロリズムに対する戦争」の支持および協力を約した。しかし、死刑廃止国が増加するなかで、合衆国が法律上の死刑の執行に頼り続けることは、法の実現について国際協力を得るのに障害となるであろ

う。

近年、前例のない数の政府が、すくなくともまず死刑を求刑または適用しないという保障が得られないかぎりは、死刑存置国への犯罪人の引渡を拒否している。

拘束力はないが、国際的に承認されている原則は、基本的人権の重大な侵害に直面するおそれがある場合には、個人を他国に引き渡すことを禁じている。国際刑事裁判所である旧ユーゴ国際刑事法廷、ルワンダ国際刑事法廷の双方とも、最も重大な犯罪である大量殺人および戦時犯罪を告発するために設置されたものであるが、死刑を認めていない。

これに反して、合衆国は、死刑の執行停止または廃止のどちらともに同意することを拒み続けている。実際にも、11月13日に、ブッシュ大統領は、国際テロリズムに関与した疑いのある合衆国市民以外の者に対しても、秘密裡に軍事行動をとることができ、3分の2以上の多数決で死刑判決を科す権力を有する特別軍事委員会によって、裁判を行うとする軍命令に署名した。この判決については、他の裁判所に上訴することはできない。

今や死刑廃止が前提条件となっている欧州審議会の43の加盟国でも、9月11日の同時多発テロに関連して、多数の容疑者が拘束されている。スペインにおいては、11月に、アルカイダのテロ組織に係わっていると思われる8人の男が、合衆国での同時多発テロに係わった容疑で告発されて拘束された。しかし、伝えられるところでは、スペインの司法当局は、死刑または特別軍事委員会による裁判に直面するおそれがあるかぎり、合衆国へ引渡すことはできないと、合衆国に対して通告したということである。

フランスにおいては、Marylise Lebranchu法務大臣が、12月13日に、フランス・ラジオで、「フランスの領事の保護を受けられる者は誰も処刑されることはない」と述べた。8月以来バージニア州で拘束されているフランス国民のZacarias Moussaouiは、9月11日の同時多発テロに係わったとして告発された最初の人である。

合衆国で裁判を受けさせるための容疑者の引渡について、欧州諸国からの協力を得るために、12月にアシュクロフト司法長官が欧州を訪問した際に、これに関連した容疑者を拘束しているドイツ、イタリアおよび連合王国の政府高官は、死刑を科せられる可能性のある者を引渡すことはできないと通告した。

パキスタン——少年の死刑を減刑

12月10日に、パキスタンのムジャラフ大統領は、すべての少年死刑囚の刑を終身刑に減刑すると公言した。およそ100人の少年犯罪者に影響が及ぶこの決定は、イスラマバードにおいて、アムネスティ・インターナショナルの新事務総長アイリーン・カーンとの会談の際になされたものである。命令は官報で公告され、12月13日に法的効力を持った法として施行された。

2000年7月に、ムシャラフ大統領は、少年に対する死刑を禁ずる少年司法制度法を公布したが、この法は、その日より前に判決を受けた少年犯罪者の生命を救うようには遡及しなかった。新しい命令は、今や、彼らの死刑判決を減刑する。

ある若者には、大統領命令は遅すぎた。Ali Sherは、1993年にわずか13歳の時に犯した殺人罪のかどで11月3日に処刑された。彼が年少であったことと、Ali Sherが住んでいた独立行政部族地区においては当時死刑を適用することができなかったという弁護士の主張は、ペシャワール高等裁判所およびパキスタン最高裁判所の双方で却下された。減刑の請願も、大統領によって却下された。報告によると、拘禁中に家族から見放されたAli Sherを、今は絞首刑に処せられた刑務所の囚人仲間が慰めようとした感動的な場面があったという。

ロシア——死刑廃止に向けての動向

ロシア下院（ドゥーマ）の右派勢力同盟（SPS）の議員グループが、刑法から死刑を廃止し、終身刑に代替させようとしている。

12月10日に開催される会議に出席して死刑が廃止されるまでの過程を伝えるために、アムネスティ・インターナショナルと共に、アメリカの死刑廃止論者が、右派勢力同盟（SPS）のPavel Krasheninnikov議員が主導する議会立法委員会によって招かれた。

ロシアは、1997年以降死刑の執行停止を続けているが、これは、連邦中で陪審制が利用できるようになるまで、裁判所は死刑判決を下してはならないとした憲法裁判所の判決によるところが大きい（死刑廃止ニュース1999年3月号参照）。連邦中のすべての地域に陪審制を導入することを定める刑事訴訟法案は、死刑の執行停止を解除することができるように2002年末までに、完成させることになるであろう。

死刑廃止論者のなかには、12月10日のEkho Moskvyラジオでのインタビューの際に、「死の報いとしての死——これは、すでに7年もたっているチェチェン共和国にみられるように、何も実際的な結果をもたらしていない」と言ったロシア

の人権オンブズマンであるOleg Mironovが含まれていた。彼は、無実の者を処刑する可能性があるということは、国家が殺人を支持しているに等しいとも述べた。

ロシアのプーチン大統領も、この国における死刑の再導入に反対するとした(死刑廃止ニュース2001年9月号)。

12月に開催されたモスクワ国際人権映画祭の際に、国際的に称賛された映画「デッドマン・ウォーキング」のモスクワにおける上映が大成功をおさめるように、アメリカ合衆国から死刑廃止論者が招待された。この映画の原作本を書いたヘレン・プレジャン女史、ルイジアナ州の死刑囚専門弁護士のDenise Le Boeuf、オクラホマ連邦ビル爆破事件で娘を亡くした父親で、今は積極的に死刑廃止活動をしていることを全国のテレビで報じられたBud Welchは、記者会見を開き、大統領恩赦委員会の委員と会談した。

韓国——死刑廃止法案

10月30日に、死刑廃止法案が155人の議員によって国会に提出された。この法案が法となるには、司法委員会における承認と、国会における273議員の過半数の賛成が必要である。

死刑廃止の最初の試みは、1999年に、死刑廃止を求める法案に98議員が署名したことであった。しかし、会期末までにそれを検討することはできなかった。

1999年の法案の提案者の一人である金大中大統領は、死刑廃止を公言しているキム・スファン枢機卿と同様に、死刑廃止論者である。韓国においては、51人の死刑囚がいるが、金大中大統領が1998年に就任して以来、死刑の執行はなされていない。

欧州審議会——新しい議定書を起草

1994年に、欧州審議会議員会議は、欧州人権条約の追加議定書を求める勧告1246（1994）を採択した。この追加議定書は、いかなる状況においても、死刑を全面的に廃止すること定めるものであった。現在は、まだ、当事国であっても、戦時または差し迫った戦争の脅威がある場合には、死刑を適用することが可能である。

この勧告を履行する第13議定書の起草は、10月にストラスブールで開催された人権の開発のための専門家委員会と、11月にストラスブールで開催された人権

に関する運営委員会において承認された。この問題を議論する会議の開催が、2002年初めに予定されている。

中国——政治的処刑が続く

10月に、中国西部にある新疆ウイグル自治区（XUAR）のホタンで、ウイグルの少数派民族のMetrozi Mettohtiが、公判大会で死刑判決を宣告された直後に処刑されたということである。彼は、「武器窃盗」および「国家破壊活動」で有罪となった。新疆ウイグル自治区（XUAR）は、中国において、過去数年にわたり、政治的理由によって死刑宣告および処刑が行われている唯一の地域である。

9月11日のアメリカ合衆国の同時多発テロの後、国家によって「分離主義者」または「テロリスト」とされた人々に対する処刑の新しい波が生じている。中国政府が国内の「テロリズム」の取締について国際的な支援を求めたこと、「テロリズム」犯罪に死刑を適用するとした刑法改正を2001年12月に速やかに導入したことによって、新疆ウイグル自治区（XUAR）において、ムスリム少数派グループへの抑圧が増大するおそれがある。

中国当局は、「テロリズム」と「分離主義」を区別しない（死刑廃止ニュース1999年3月号参照）。分離主義には、穏やかな抵抗または異議にすぎない広い範囲の活動を含めていると思われる。政府の管轄外でイスラム教の説教または教育をすることも、破壊活動と考えられている。

短　報

中国——12月31日の中国の新華社通信の報じるところでは、海南省のタバコ専売公社の前社長のChen Luorongが、横領および収賄のかどで、死刑判決を受けたということである。

イラク——11月に、イラクの最高機関である革命指導評議会は、売春、同性愛、近親姦および強姦について死刑を規定する命令を発した。また、この命令は、売春目的での施設提供は斬刑に処すことも定めている。

イラン——11月17日の日刊紙Kayhanの報じるところでは、イランの南西部にあるアズナ出身のRamin Chaharlangは、絞首台で絞首刑に処せられる数分前

に、被害者の家族で77歳のSaid Hatamiが恩赦を許したので、死を免れたということである。

タジキスタン――12月20、21日の2日間、首都ドゥシャンベで、死刑に関する会議が開催された。SOROS基金および欧州安全保障協力機構（OSCE）の後援を受けた会議には、死刑の「賛否両論」を論じるために、隣国のロシア、ウクライナおよびイランの代表者も参加した。

タジキスタンでは、2001年におよそ100人が処刑されたということが、会議の際に公表された。

アメリカ合衆国――アメリカ合衆国における処刑は、継続して前年より減少した。記録によると、85人の処刑があった2000年に13パーセント、66人の処刑があった2001年に22パーセントの減少がみられる。1999年は、98人の処刑があった。

減少傾向になった理由として、法廷においてＤＮＡ鑑定の結果を用いることを認める簡単な規則ができたこと、裁判所が精神障害者に対して死刑判決を下さない場合が多くなったこと、死刑の適用の公正さをとりまく重大な問題について認識するようになったことが挙げられる。

連邦最高裁判所が処刑の再開を認めた1976年以降、2001年の5人も含めて98人の無実の人が死刑囚監房から釈放された。

ＡＢＣ放送の最近の世論調査によると、アメリカ合衆国民の51パーセントが、死刑の一時執行停止に賛成しているということである。